中外巨人传

大卫·休谟

武 斌 著

辽海出版社

图书在版编目（CIP）数据

大卫·休谟 / 武斌 著. —沈阳：辽海出版社，2011.12
（中外巨人传）
ISBN 978-7-5451-1502-4

Ⅰ . ①大… Ⅱ . ①武… Ⅲ . ①休谟，D.（1711～1776）—传记
Ⅳ . ①B561.291

中国版本图书馆 CIP 数据核字（2011）第 234282 号

责任编辑：柳海松
责任校对：顾 季
装帧设计：马寄萍

出 版 者：辽海出版社
　　　地　　址：沈阳市和平区十一纬路 25 号
　　　邮　　编：110003
　　　电　　话：024-23284473
　　　E-mail:dyh550912@163.com
印 刷 者：天津海德伟业印务有限公司
发 行 者：辽海出版社

幅面尺寸：165mm×230mm
印　　张：11.5
字　　数：126 千字

出版时间：2012 年 5 月第 1 版
印刷时间：2019 年 1 月第 4 次印刷
定　　价：28.00 元

•目 录•

前　言

　　自从苏格拉底（Socarates，公元前469—399年）把德尔菲（Delphi）神庙上的箴言"认识你自己"变成了一个哲学的命题以后，哲学的思考就从天国返回了人间，人成了哲学的永恒主题，是一切哲学的太阳，任何哲学思想或学说，无论其多么神秘玄奥，多么思辨抽象，都离不开人的限定性，都是在围绕人的太阳旋转。这中间，有过古代希腊人对人性的天真而热情的赞美；有过浮云蔽日的黑暗的中古时代，神的王国取代了人的王国，人像一颗遥远的星辰闪耀着暗淡的理智之光；有过文艺复兴时代的人的觉醒和人的世界的重新发现，肯定和宣扬人的伟大和尊严、人的力量和自由；到了18世纪，人的哲学则达到了它的一个十分辉煌的顶点。

　　18世纪是欧洲的启蒙时代。所谓"启蒙"，就是要用"理性之光"去照亮中世纪的黑暗，把人的心灵从蒙昧中解放出来。德国哲学家康德（Immanuel Kant，1724—1804年）说："启蒙就是人类摆脱它自己负责的未成年状态。……这种状态的原因并不在于理性的缺乏，而在于没有他人的指导，就缺乏决心和勇气去运用它。因此，启蒙的口号是："聪明起来吧，要有勇气运用你自

己的理性。"启蒙时代就是人的尊严、人的理性发扬光大的时代。在这个时代里产生的不是一两个伟大思想家，而是整整一代文化巨匠，他们犹如群星灿烂，相映生辉，烘托着辉煌的人性的日出。他们的论述既有直接生活的激情，又有视野广阔的见解，既有世俗的细腻刻画，又有大胆的独创之见，而在相信人性的崇高尊严的基础上看待人，则是这一时代的文人学士的普遍特性。

大卫·休谟（David Hume，1711—1776 年）就生活在这个思想观念和社会力量都发生剧烈变动的历史时代。他是启蒙时代的最权威的代言人之一。他在很年轻的时候，就决定致力于对人性的研究，他认为人性是一切科学的"首都或心脏"，各门科学都直接或间接与人性有关，都依赖于人，哲学只有把人性本身作为研究对象，才能成为其他科学的基础，才算是真正的哲学。因此，哲学就是研究人性的科学。在此后的一生中，他用自己的全部精力详细地阐明了他的"人性的科学"，在"思想共和国"中建造了一幢优雅别致的大厦。

休谟的哲学被习惯地称为怀疑主义哲学。确实，休谟自己并不讳言这个称号，认为哲学上的怀疑主义是不可避免的，他的同时代人也把他称为"怀疑主义的巨人"。但是，怀疑主义并非只是对外在世界的否定或对人的认识能力的贬抑，而是要揭示出人的自身的限定性，使人们避免"独断的肯定和专横的信仰"，约束人们不去追求"悠远而奇特的东西"，而注重现实的日常生活。实际上，正如德国哲学家卡西尔（Ernst Cassirer，1874—1945 年）所说："在哲学史上，怀疑主义往往只是一种坚定的人本主义的副本而已。借着否认和摧毁外部世界的客观实在性，怀疑主义者希望把人的一切思想都投回到人本身的存在上来。怀疑主义者宣称，认识自我乃是实现自我的第一条件。为了欢享真正的自由，我们必须努力打破我们与外部世界联结起来的锁链。"认识自我，实现自我，这才是休谟哲学的真正主题。

休谟说："一个哲学家应如思想世界的警察一样。"休谟不仅是"人性的科学"的建造者，而且也担负起"思想世界的警察"的职责。怀疑主义在他手里被锻造成尖锐锋利的武器。他揭露虚假的经院哲学，批判权威的神学教条，驳斥传统的神迹迷信，怀疑实体性的神的存在，厌恶君主专制主义，为廓清人类理智的道路而不屈不挠地战斗。他说："黑暗对于心灵就和对于眼睛一样，确实是痛苦的；但是无论靠何种努力给黑暗中带来光明，都必定会使人欢乐和喜悦。"驱除蒙昧的黑暗，带来理性的光明，这构成了他的生活的基本动力。

虽然休谟偶有短期经商和涉足宦海的经历，但他的一生几乎都消耗在文墨生涯中。文墨生涯是休谟的热烈的志向，很少有人永远追求并坚定不移地献身于此种生活。他不是作为专家，而是作为符合他那时代知识分子的理想的文人，把哲学和知识与文学结合起来。像文艺复兴时代的文人一样，启蒙时代的理想文人也应该掌握他那领域的全部知识。但是，在探索彻底改革人性的研究时，休谟从未忽视普通民众的理解力，并把他的读者圈扩大到广大民众。他的哲学，他对政治、经济、道德、宗教、历史以及美学等等的研究，虽至今日已年代久远，但仍能使人体验到那深沉浑厚的巨大感染力。

休谟毕生献身于哲学，但他仍然能遵从他自己的格言："做一个哲学家，但是，在全部哲学研究中，仍然要做一个人"。作为一个人，他具有多方面的美德。他仁慈善良、和平宽容，他正直坦率、理智真诚，并且乐于鼓励别人。他永远是一个忠实的朋友。不过，他有些谨小慎微，总是小心翼翼地注意维护自己的名誉，维护友谊的完善，维护祖国的威望。他在理智上是一个世界公民，在感情上则是一个地道的苏格兰人。他既是一个很能自我克制的人，又是一个感情丰富、富于同情心的人。

休谟生前即已享受到成功和名望的愉快。但是，使他得以跻身文坛的，主要是他的历史和政治伦理著作，而对他的哲学，在当时却被拒绝接受。哲学是时代精神的精华，而要把握和反映时代精神，则需要很高的才华和智慧。因此，多少思想家只是在他们故去很久才获得他们应得的声誉。这几乎是所有天才的命运，他们不为他们的时代所理解。在他的故乡苏格兰，休谟时常受到社交界的冷落，不断遭到正统派的极端分子的攻击。他的著作也曾被天主教会列为"禁书"，年轻的亚当?斯密（Adam Smith，1723—1790）则因在大学里读休谟的书而受到学校当局的严厉斥责。即使后来休谟在法国被当做英国最杰出的才学之士而大受欢迎时，他的哲学也没有得到充分的理解。社会习惯于刻薄地对待那些不被完全了解的东西。休谟的一生是不断斗争的一生——与经济困难、体弱多病作斗争；与各种社会力量、传统观念、迷信和偏执的势力作斗争。

休谟哲学被他的同时代人所忽视和曲解，但是在20世纪却得到了充分的同情和理解。今天，他的思想经常被讨论谈及，不论赞成与否，它们都已受到尊重和注意。例如爱因斯坦（Albert Einstein，1879—1955年）曾公开承认，通过读大卫·休谟的哲学著作，更进一步加强了狭义相对论的发现所需要的驳斥空间绝对性的批判性论据。逻辑实证主义和实用主义等哲学流派，则把休谟哲学引为直接的思想先驱。而休谟的范围广泛的"人性的科学"现在已经开始在许多领域里被专家们所研究，包括心理学、伦理学、宗教、政治、经济学和社会科学。就哲学方面来说，休谟在今天比他当年更为活跃。

也许可以说，这位启蒙时代的哲学家，大卫·休谟，是20世纪的哲学家们最为尊重、最为景仰的前辈之一。

一、人和哲学家

1. 哲学家的诞生

1711 年旧历 4 月 26 日，大卫·休谟出生于苏格兰爱丁堡。实际上爱丁堡并不是他的故乡，而是他的父亲约瑟夫·霍姆（Joseph Home，1683—1713 年）从事律师职业的地方。他们的故园在贝里克郡（Berwick）的奈因微尔斯（Nine wells），大卫·休谟的童年大部分是在那里度过的。

大卫·休谟在晚年写的《自传》（My Own Life）中说：

> "无论从双亲的哪方面来说，我都是出身于名门望族。我父亲的家族是霍姆或休谟伯爵家族的一支，祖先们历代都领有家兄所拥有的那些产业。我的母亲是最高民事法庭庭长大卫·福尔克纳爵士（Sir David Falconar）的女儿，她的兄弟曾继承了霍尔克顿勋爵（Lord Halk-erton）的称号。"

这个家族确实是一个历史久远的贵族世家。早在 12 世纪，贝里克郡就有了霍姆家族的领地。16世纪中叶，这个家族中一位叫乔治·休谟（George Hume）的成员，获得了世袭的奈因微尔斯领地。这位乔治·休谟就是盘根错节的霍姆家族大树上奈因微尔斯这一分支的第一位休谟，也就是我们的哲学家大卫·休谟的直系祖先。顺便提一句，1734年，大卫·休谟在布里斯托尔的时候，鉴于英格兰人把Home（霍姆）读为Hume（休谟），便将自己的姓氏改用Hume拼写。但在实际上，这两种不同的拼写是15世纪以来这个家族的不同分支曾分别采用过的。

霍姆或休谟家族虽系名门，但并非豪富，他们的财产仅是中等富裕。他们居住在苏格兰人和英格兰人频繁交战的地区，所以在性格上他们都生气勃勃、坚定自信、英勇好战，具有胜利者的风度和勇士的气质。大卫·休谟的祖父约翰·霍姆（John Home）就是这种家族性格的一个典范。这个家族纹章上的铭文是"霍姆，霍姆，永不退缩（A Home, a Home, Jamais arriere）"，约翰·霍姆则改为更加优雅的格言"坚定到底（True to the end）"。在1688年的"光荣革命"期间，他作为一名龙骑兵上尉参加战争，支持荷兰执政威廉（Willam of Nassau，1650—1702年）入主英国，反对企图复辟斯图亚特王朝的"詹姆士党人"，后晋升为国民军中校，并先后两次代理贝里克郡的地方长官。

约翰·霍姆曾三次结婚。我们的哲学家大卫·休谟的父亲约瑟夫是约翰的第一位妻子生的五个孩子之一。约翰第三次结婚娶的是前苏格兰最高民事法庭庭长福尔克纳爵士的寡妇，她带来了与前夫所生的七个孩子，其中有一位名叫凯瑟琳（Katherine Falconar，1683—1745年）的姑娘，就是大卫·休谟的母亲。我们看到，虽然大卫?休谟的双亲出自两个不同血统的家族，但却是在同一个非常庞大的家庭里一起长大的。

约翰·霍姆不到 40 岁就去世了，15 岁的约瑟夫被指定为奈因做尔斯庄园的继承人。他早年进入爱丁堡大学接受止规教育，后来又到荷兰的乌得勒支大学攻读法律。学成回国后，他在爱丁堡担任了律师，并在 28 岁那一年与凯瑟琳结为伉俪。但不幸的是，在结婚五年半后，约瑟夫便过早地离开人世。凯瑟琳给他生了三个孩子，大卫·休谟是最小的一个，在他之上还有一兄一姐。父亲去世时，大卫·休谟刚刚两岁。

大卫·休谟度过童年的奈因微尔斯坐落在贝里克郡境内一片三面由大山环抱着的叫做默西的平原上，这里景色优美、风光秀丽，是苏格兰低地地区最美丽的地方之一，有"苏格兰的公园"之称。奈因微尔斯庄园地处流过平原的怀特阿德河（Whiteadder）边的一个峭壁顶上，陡岸下的湍湍急流结庄园大为增色。大卫?休谟和他的哥哥经常在河里游水嬉戏，捕鱼狩猎，或到旷野里练习骑马。他的哥哥也叫约翰·霍姆（John Home），后来继承租业，成为一位很开明且有成绩的庄园主。在峭壁下面，有一个浅山洞，大卫·休谟童年时常到这儿来玩，或独自一人躲在里面读书，据说，他在这里深深地陶醉于哲学的思索之中。

他父亲去世时，即已家道中衰，并没有留下什么可观的财产。他们的生活虽然并非艰难困苦，但也远不是很富裕的。30 岁便开始守寡的凯瑟琳独自支撑这个家庭，担负起抚养三个孩子和管理庄园的重担。后来，每当大卫·休谟谈到母亲时，总是自然地流露出敬爱依恋的亲切感情。他在《自传》中写道：

"……我父亲是一个有才华的人，当我还在襁褓之中时，他就离开了人世，把我和一个哥哥、一个姐姐留给母亲照管。我们的母亲是一位品德高尚的妇女，虽然她年轻美貌，仍尽全力教养子女。"

凯瑟琳是在老约翰·霍姆的家中长大的，深受这个家族的传统精神和丈夫的乐观性格感染。虽然生活拮据，但仍然在家庭里保持着轻松惬意的气氛，并且"尽全力教养子女"。实际上，每个人的教育都是从家庭开始的。凯瑟琳的悉心照料和教育、家庭的环境和精神传统以及所在乡村的文化气氛，对塑造童年的大卫·休谟的心灵和人格，以及对他的远大前程，都有着重要的影响。

休谟家里有一间具有二百多年历史的藏书室，虽然没有专家学者的藏书室那么丰富，但对于孩子们的早期教育是足够了。这里除了有《圣经》《教义问答》和其他宗教著作，以及祖传的法律文献外，还有许多古典拉丁文的散文和诗歌，希腊文、法文以及大量的英文书籍，其中包括莎士比亚（Willam Shakespeare，1564—1616年）、弥尔顿（John Mition，1608—1674年）、德赖登（John Drvden，1631—1700年）、蒲柏（Alexander pope，1688—1744年）等人的作品以及晚近的《塔特拉尔》（Tatlers）和《旁观者》（Spectators）大量的藏书丰富了大卫·休谟的阅读，开阔了他的视野，充实了他的心灵，同时也培育了他对文学的持久不息的热情。他在23岁时写的一封信中说："从孩提时代开始，我就对书籍和文学有着强烈的爱好。他在晚年写的《自传》中也说："我很早就被爱好文学的热情所支配，这种热情是我一生的主要情感，而且是我快乐的伟大源泉。大卫·休谟正是在家庭教育中获得了对文学的热情，培育了他的志向，使他作为一位杰出的文人走向世界。

在他 12 岁生日之前不久，这位勤于学习和善于思考的少年，和他的哥哥一起进入爱丁堡大学，完成他们的正式教育。他在这里接受的新的思想和新的影响，对将来的哲学和文墨生涯，无疑具有更为重大的意义。

爱丁堡是苏格兰的首府和政治文化中心，它依山傍水，美丽别致，既具有浓厚的田园气息，又具有现代的都市风格。爱丁堡人自豪地称它是"北方的雅典"。爱丁堡大学创建于 1582 年，而在 1708 年，该校把古代的校董制改为现代样式的教授制，聚集了一批杰出的才学之上。当然，与现代的大学相比，那时的爱丁堡大学更像我们现在的文科中学，把学生看作需要严加训导的孩子。因而后来休谟在谈到母校时，总带有一定程度的轻视，例如他在一封信中说："我们苏格兰的大学教育，除了教授语言，并没有多少别的内容，而且通常在我们十四、五岁的时候就结束了。"但是他在《自传》中则说："我以出色的成绩学完了一般的教育课程。"然而，无论他在校园里学到什么实际的知识，更为重要的是大学里普遍流行的理智的气氛，正在沸腾着的科学、哲学和文学的新思潮，给年轻的大卫?休谟提供了思索的肥沃田地，激动着他那热情而早熟的心灵。

在休谟就读爱丁堡大学期间，有几位著名的教授在那里开课。按照家庭的意愿休模在大学里主修法律。当时讲授国际法和自然法的是威廉·斯科特（William Scot）教授，此人除讲授法律外，还教希腊文，并编辑了荷兰法学家格劳秀斯（Hugo Grotius, 1583—1645 年）的《战争与和平的权利》（De Jure Belli ac Pacis）的节录本，这本书一直被认为是道德哲学的权威著作。休谟很可能在

当时就读过这本书，并引起了某些重要的思考．除法学课程外，休谟还选修了逻辑、数学、自然哲学、精神哲学和伦理学等方面的课程。休谟师从学习逻辑学和形而上学的是科林·德拉蒙德（Colin Drummond）教授。他对"新哲学"根有兴趣，在讲课中对牛顿（Isaac Newton，1642—1727 年）和洛克（John Locke，1632—1704 年）的哲学思想多有发挥。教自然哲学的罗伯特·斯图尔特（Robert Stewart）教授是一位由笛卡儿主义者转变而来的牛顿主义者。他的讲课特别强调牛顿著作中的物理学，包括光学和天文学的新发展。讲授伦理学的是后来成为大卫·休谟密友的约翰·普林格尔（John Pringle），他介绍了西塞罗（Marcus Tullius Cicero，公元前 106—43 年）、马可·奥勒留（Marcus Aurelius，121—180 年）和培根（Francis Bacon，1561—1626 年）等人的学说，给休谟以深刻的印象。可以想见，休谟在这些才学之士的指导下，接受了多少甘美的"新哲学"的精神食粮。

但是，休谟在爱丁堡的学生时代，对他影响最大的无疑是兰肯俱乐部（Rankenian Club）。这是一个由大学教授和青年知识分子组成的自由团体，他们热情宣传牛顿、洛克、莎夫获伯利（3rd Earl of Anthony Ashley Cooper Shaf tesbury，1671—1713 年）等人的哲学思想，填补了正式课堂上内容贫乏的空白，为当时英国学术界出现的新的思想潮流推波助澜。这种新的思想潮流一方面表现在数学和自然科学已确立了能与经院哲学相抗衡的牢固地位，另一方面是在哲学上把人类理性提到判断真理的最高位置，要求政治自由和宗教信仰自由。在爱丁堡，兰肯俱乐部的成员对这两个方面都做了大量的宣传鼓吹工作。同时，他们还和当时的著名哲学家贝克莱教长（George Berkeley，1685—1753 年）书信来往频繁，贝克莱非常欣赏"他们表现出来的非凡的敏锐和罕见的独创性，"认为"没有谁能比北不列颠这伙青年绅士更能理解他的学说了。"虽然当时休谟不可能是兰肯俱乐部的正式成员，因为它从不吸收未毕业的大学生，但它已成为爱丁堡大学的主导精神，使休谟分享着一种非常热烈的气氛，在他的头脑中播下自由思想的种子，激励着他投身于文学活动。有一点是无可怀疑的，大学生活大大冲淡了休谟的宗教信仰，并在离开大学后的几年内，这些信仰便消失殆尽了。

无论如何，休谟的学习是很刻苦的。他晚年时说"我以出色的成绩学完一般的教育课程"，作为一个天性谦虚的人，想必这绝非溢美之词。这一点在他学习期间写的一篇论文中就可以看出来。这篇论文的题目是：《历史论文：论骑士制度和现代荣誉感》(An Historical Essay on Chivalry and Modern Honour)。虽然文笔尚欠成熟，但已表现出心灵早熟的 14 岁的大卫·休谟的相当有见地的思想。在论文中，休谟发挥了这样一个启蒙时代的思想，即：虚伪的中世纪骑士制度的兴起促使了真实的古典美德的衰落。在此后的文墨生涯中，休谟从未改变年轻时对中世纪黑暗时代的看法。同时，论文采用了对历史事实的哲学和心理分析的方法，这种方法构成了以后的休谟哲学的基本风格。休谟写道：

　　"从艺术、特别是建筑风格的不同变革中，从它的中世纪的形式与希腊的形式的比较中，必定可以使我们得知，从骑士制度中产生的是一种什么极其可恶的东西。希腊的形式是朴素、简洁、和谐而又庄严优美的，而那些无知的野蛮人却以远非自然和纯朴的粗糙的装饰品，

胡乱地点缀挥霍。他们打碎了古典建筑的优美，但却不知道如何保持和谐；他们毫无节制地幻想着堆砌装饰物，使整体变得混乱不堪和参差不齐。同样，在他们培植起新的设计风格或英雄主义时，必定是稀奇古怪、浮华虚饰，并浅薄粗俗地附会风雅。这就是我们大略看过的它的几个部分所实际出现的情况。"

这篇论文受到学校当局的表彰。但是，休谟并没有获得学位，因为他在毕业之前就中途辍学了。关于辍学的原因，据休谟的传记作家莫斯纳猜测，可能是因为他们家在爱丁堡的住宅（也就是他出生的那幢房子）在1725年的一场大火中被烧毁，他们全家不得不立即迁居。不论辍学是由于何种原因，这几年的大学生活对他来说是足够的了。他已经成长为一个才气非凡、敏而好学、思想深刻并且雄心勃勃的青年。他需要更广泛地自由阅读和独立思考。

从1725年或1726年休谟离开爱丁堡大学，直到1734年春，他一直隐居乡间，自行研读。这七、八年的自学生活是他的理智发展的关键时期。实际上，正是在这个时期，休谟确定了对自己前程的选择，奠定了一生大计的基础。

他的母亲和哥哥都希望他从事法律的职业，或当法官，或当律师。因为在这个家族的历史上，曾出过不少以此为职业的人，例如他父亲就是律师。可以说，这种选择职业的意向，也是这个家族的一个传统。但是对休谟来说，当时最重要的并不是选择职业。他最需要的是时间，需要继续读书和思考的时间，需要为文人的生活做好充分准备的时间。

对于这一时期的生活经历，休谟在《自传》中写道：

> "由于我性情好学、沉静、勤奋，所以家里人都认为
> 法律是对我十分合适的职业。但我除了研究哲学和一般
> 学问而外，对任何东西都抱有不可抑制的反感。当家里
> 人以为我在披阅乌埃特（Voet）和维尼乌斯（Vinnius）
> 的时候，我正暗中贪读西塞罗（Cicero）和维吉尔（Vir-
> gil）诸位作家。"

不过，在 1726 年到 1729 年春季这段时间里，休谟还是尝试研究法律方面的问题。他阅读了大量的关于法律的著作（我们知道，在具有两个世纪以上历史的家庭藏书室中，法律方面的藏书非常丰富）。这些阅读使休谟掌握了一定的法律方面的知识，这些知识既成为他日后文墨生涯的一个基础，也构成了他的道德哲学的一个组成部分。

但是与此同时，他还阅读了许多古典的和近代的文学、哲学书籍。广博的阅读开阔了休谟的眼界，使他的兴趣逐渐转移到文学和哲学上来。他开始认识到，他应该为之贡献一生的，不是法律，而是哲学。他在 16 岁时写给同窗好友迈克尔·拉姆齐（Michael Ramsay）的一封信中谈到了他当时在乡间的读书生活：

> "……我讨厌课业读物，我的快乐在于换着样地读
> 书；有时是哲学家，有时是诗人；这样变换着读实乃有
> 益无害；因为这样一来，西塞罗的托斯库兰演说词比维
> 吉尔的《牧歌》和《农事诗》更容易铭记心头。哲学家

圣贤和诗人农夫一致主张心灵的安宁，命运上的自由和独立，蔑视财富、权力和荣誉。在他们那里，无论什么都是平静和安宁的，而没有什么是不安和混乱的。……像维吉尔那样生活是我的志向，这样我才能更理解我自己的力量。……现在我实际上已在很大程度上达到了田园诗般的、农神式的幸福；我像国王一样自由自在地生活；……灵魂的伟大和崇高只有在研究和沉思中得到，唯其如此才可教我们漠视人生的不测。"

休谟在后来也曾回忆起这一时期的读书生活，他说，自从离开大学后，

"我便开始了自己选择的阅读，并对推理和哲学，与对诗歌和其他优雅斯文的著作都产生了几乎同样的喜好。……我阅读了大量的伦理学书籍，如西塞罗、塞尼加（Lucius Seneca，公元前 4？—公元 65），蒲鲁塔克（Plutarch，46—120），且对他们的哲学和关于善的精彩描述大为倾倒，随着理智和理解力的增强，我的情绪和意志都有所改善。我不断地在对死亡、贫困、耻辱、痛苦以及其他一切人生之灾的沉思中使自己坚强起来。"

除了这些阅读外，促使他思想转变的可能还有他那些文学朋友的影响。休谟在爱丁堡大学读书期间，曾结识了许多志同道合的青年，并建立了深厚的友谊，有些人还成了他终生的朋友。其中最著名的是亨利·霍姆（Henry Home，1696—1782 年）。亨利·霍

姆也是苏格兰著名哲学家，当时在爱丁堡当律师，他的家乡在凯姆斯（Kames），离奈因微尔斯只有十英里远，两家同属霍姆家族。作为亲戚和近邻，休谟与他可能早有来往，童年的休谟就把他看作是一个博学而有智慧的人。亨利·霍姆比休谟年长 15 岁，他对文学和哲学具有广泛的兴趣，并且积极提倡牛顿、洛克以来的新思潮。正是他这方面的才华深深吸引了还是大学生的休谟，使他们结成忘年之交。除了亨利·霍姆外，休谟当时的朋友还有画家阿伦·拉姆齐（Allan Ramsay）、诗人威廉·汉密尔顿（William Hamilton of Bangour）等人。在休谟理智发展的这个重要时期，这些朋友的影响对他的思想转变起到了一定的作用。

不论如何，到 1729 年春天，也就是大卫·休谟 18 岁的时候，这个转变已经大体完成了。我们看到，在休谟的心中已经孕育着一个新的哲学体系，即他的"试性的科学"。人性、人的哲学、人性的科学，这就是休谟要为之奋斗和追求的宏伟目标。他要论证人的尊严与伟大，他要宣告人的理性和自由。这个宏伟的目标使休谟激动不已，兴奋万分。我们看到，在这个年头里，也就是在法国的启蒙学者们开始发动那场具有世界历史意义的思想文化运动的时候，在英国，一位新哲学家，一位新时代的哲学家诞生了。

在我们上面多次引证过的写于 1734 年的那封称为"我的部分生活经历"的著名书信中，休谟谈到了他的思想上的这一重要转变，并提出他的"人性的科学"的基本没想。他指出：

"凡是对那些哲学家和批评家有所了解的人都知道，在哲学和批评学这两门学科中迄今毫无建树，而有的只

是无休止的争论，甚至在最主要的一些论著中也是如此。由于考察了这些情况，我发现，我身上增长起一股勇气，这并非是促使我依附于这些学科中的任何权威，而是引导我去找出或许能确立真理的某种新方法。对此作了浩繁的研究和反省之后，在我约十八岁的时候，一个新的思想天地展现在我的面前，它使我激动万分，使我凭着年轻人常有的热情，抛弃了其他一切爱好和事务，全力从事于此。我对原来打算从事的法律讨厌至极，我想除了当学者和哲学家之外没有别的途径能使我在这世界上开拓远大前程。

　　……

　　[我] 开始认真思考如何才能进行哲学的研究。我发现古人留传给我们的道德哲学，完全是一种假设，所依据虚构胜过依据经验，遗憾的是在他们的自然哲学中也发现了同样的烦扰。人们凭借自己想象建立道德和幸福的纲要，而不考虑任何道德结论都必须赖以为据的人性。因此我决定以人性作为我的最主要的研究对象，并以此为源，在批判中达到真理和伦理学。我相信这样一个确凿的事实，即我们以前的大多数哲学家都被他们伟大的才智所误。一个人用于获得研究成功的才智几乎与耗费在克服自己的或别人的偏见上的才智相差无几。"

但是，正当休谟踌躇满志，计划他的新的哲学体系，并为此锻造思想工具的时候，一场大病向他袭来。害病之初，休谟骨瘦如柴，精力不济，身体虚弱，读书和研究因而受到干扰，时断时

续。由于长期病魔缠绵，使他的情绪也大受影响，长久忧郁不快，并一度对身体复原丧失信心。同时，他也深深地意识到，疾病是他从事研读、实现理想的最大障碍，要完成他那建立"人性的科学"的宏伟计划，首先必须恢复健康。他开始注意静养休息，坚持骑马锻炼，并尽量保持精神的愉快。但是，即便在养病期间，休谟也仍然阅读了大量的拉丁文、英文和法文书籍，同时还学习了意大利语，为他进一步的哲学探讨奠定了基础。也就是在 1729 年生病后的四年中，他经历了一生中最有创造性的时期。在这一时期里，他的"人性的科学"已经基本孕育成熟，并开始撰写《人性论》的鸿篇巨制。

到了 1734 年初，他的身体状况大为好转。此时，

"……我觉察到我的全部哲学决不会使我满足于目前的境况，于是开始振作起来，而病情的好转和医生的保证则给我以鼓舞，我开始想一些比我迄今为止尝试过的更为有实效的事。我发现，对我的健康有两种不利的事，即研究和懒散，同样也有两种有益的事，即经商和娱乐，而我的全部时间都是在那两种不利的事中度过的，几乎没有分享那两种有益的事。为此我决定寻求一种更为积极的生活，虽然我不能放弃在学问上的抱负，但还是下决心把它们暂时放在一边，以便将来更有效地重新开始。"

为了彻底地获得身体的康复，为了将来更有成效地献身于哲学，我们这位新哲学家，这位孜孜以求文墨生涯的青年文人，决

定改变自己的生活方式。他离开隐居多年的乡间书斋，要走向实际生活的大舞台。

这一年，大卫·休谟是 23 岁。

2. 走向生活

为了寻求一种更为积极的生活，使他的身体和心智都得以完全康复，我们的哲学家离开了奈因微尔斯故园，从贝里克登舟起程，去英格兰的港口城市布里斯托尔（Bristol），有人介绍他到那里的一位富商手下当学徒。

在去布里斯托尔的途中，大卫·休谟在伦敦小住几日。他要会见一些朋友和熟人，同时也想整理一下自己的思想，稳定一下情绪，以便精神饱满地投入新的生活之中。实际上，虽然休谟决定选择新的生活方式，但对自己的前途仍然充满疑虑，对自己身体能否完全康复，对自己的选择是否正确和有效，并没有多大把握和信心。因而在他抵达伦敦时，仍然满腹心事，忧郁不快。他请教了一些医生和朋友，但都没有得到满意的回答。于是他决定写信给著名的医生和著作家约翰·阿巴斯诺博士（Dr. John Arbuthnot），倾吐自己的苦闷和忧虑，希望得到博士的明示和教诲。

这封信就是我们在上文中多次引证过的那件著名的"我的部分生活经历"的文献。阿巴斯诺特博士是当时伦敦很有声望的人物，被誉为伦敦著作家中"第一人"，人们称他是"多才多艺的天才，卓越的医生，学识渊博且极富幽默感的人。"休谟与阿巴斯诺特素昧生平，但对他的才智和声名仰慕已久。休谟在信中回顾了自己的生活经历，介绍了自己的身体状况以及治疗、养息的

过程，述说了自己的苦恼、忧虑和扰乱心绪的种种思索，特别重
要的是详细地说明了他的思想转变过程，他对传统哲学的基本看
法以及他要为之奋斗的"人性的科学"的大体设想。休谟在信中
说：

> "……我不必对你说，我是一个苏格兰人，是你的同
> 乡，因为从无任何这样的联系，我所能仰赖的，是你的
> 甚至对像我这样素昧生平的人的博爱。我所希冀的是你
> 忠告的恩惠，……只有一个医道致湛、通晓文学、才智
> 机敏、判断力强、且有伟大博爱的人，才能给我满意的
> 回答。为了我不时的悬念，我期待名声能给我指出更多
> 的集这些美德于一身的人。……我必须承认，我焦急地
> 期待着你对我的评判，……深信你的坦诚正直和宽宏大
> 度，……
>
> ……我求教过许多医生，尽管他们医道高明，但都
> 不能探查出我的病因，因为他们在自己的专业之外，并
> 非是具有伟大学识的人，他们不了解这些心灵的活动。
> 你的名望告诉我，你是消除我的疑惑的最合适的人，而
> 我正要征询人们的意见，以使我能平息伴随如此缠绵的
> 痼疾而来的种种忧虑和期望。"

在这封信中，休谟提出了当时为之深深苦恼的一些问题，希
望得到阿巴斯诺特博士的明确指教。但是，当休谟写完这封信的
时候，他的心情竟豁然开朗了。无情地剖析了自我，冷静地述说
出自己的郁闷和思索，也就使自己的心灵得到了升华和净化。休

谟发现，他完全能够对自己的种种疑惑做出恰当准确的回答，打开心灵的钥匙原来就在自己的手里。因此，这封信实际上并没有投寄出去，而是由他本人珍藏一生。这封信成了休谟自我认识和自我把握的标志。他的精神出现了转折的契机。他不再觉得有必要请教权威来指导生活的方向。他许久以来致力的文墨生活不再受逆境的牵制和左右了。

在上面这封信中，休谟表示，为了更有效地重新开始研究学问，他下决心把它们暂时放在一边，去尝试一种积极的生活。经过审慎的考虑，"我选择去做一个商人；经人介绍我去布里斯托尔找一位富商，我现在正在去那儿的途中，决心忘掉自己，忘掉过去的一切，尽可能全身心地投入这种生活之中，遍游世界各地，直到完全摆脱缠身的病魔。"

布里斯托尔距伦敦一百多英里，是英格兰的第二大城市，也是 18 世纪英国对西印度贸易的主要港口。因为带有熟人的介绍信，休谟到布里斯托尔后很快就找到了职业，在一家商行当职员。他的老板是迈克尔·米勒先生（Mr. Michael Miller），主要经营从西印度群岛进口的食糖，同时也很可能从事奴隶贸易，按照惯常的非洲——西印度群岛——英格兰的金三角航线，大获其利。所以休谟上面说到要"遍游世界各地"，想必并非无由之想。但是这个愿望并没有实现，因为他在那里供职不几个月，就因与老板不睦而辞职。争吵的直接原因是休谟改正了米勒信件中的一些语法和文体上的错误，这使米勒大为恼火。他对休谟说，他无须提高什么语言水平，就凭现在这样的英语，已经挣了两万英镑。结果，休谟怀着愤懑的心情，拂袖而去。除了优雅精美的表达，休谟不能容忍任何粗糙的文字；除了文墨生涯，他不适合于任何其他方式的生活。

休谟离开布里斯托尔后，直接去了法国。这位 23 岁的苏格兰青年，早就对这个伟大的邻国怀着景仰之情。他对路易十四（Louis XIV）时代的文学极为钦佩，而对法国哲学更为敬重。他第一次踏上法兰西的国土，内心里十分激动。休谟对法国深厚的热爱之情，在他 1741 年写的一篇文章中得到充分的表露：

> "……除了希腊人以外，法国人是唯一这样的人民，他们同时拥有哲学家、雄辩家、历史学家、画家、建筑师、雕塑家、音乐家。至于戏剧，他们甚至超过了希腊人，更远远胜过英国人。在日常生活方面，他们大部分人都具有完善的艺术，而其中最为得心应手和技巧娴熟的是 I'Art de Vivre（生活的艺术）和社交的艺术。"

从 1734 年仲夏到 1737 年，休谟在法国住了三年。关于这一时期的生活，他在《自传》中写道：

> "我到了法国，打算隐居乡间，从事研读。在这里我拟定了不懈追求的终生计划，结果也顺遂心愿。我决意博节俭朴，以弥补财产的不足，维持独立的生活。除了增进文学上的才能而外，其他任何事情于我看来都是微不足道的。在法国隐居期间（起初是在兰斯，但主要是在昂儒的拉福来舍），我写作了《人性论》。……度过了三年舒适的日子……"

　　虽然 31 年后休谟又到巴黎时，被当做"英国最伟大的才智之士"而受到法国知识界的热烈欢迎，但他此时初到巴黎，还是个默默无闻的小人物。他在巴黎仅仅逗留了一个星期，随即便去了兰斯（Rheims）。兰斯是法国当时的一座较大的城市，约有四万人口，城里的兰斯大学也是很有名的。休谟打算在这里住一个时期，"希望在这里度过幸福愉快的时光，也为将来的幸福做好准备。"经友人介绍，休谟结识了兰斯的一些重要人物，同时广泛接触各界市民，他们的文雅风度和彬彬有礼给他以很深的印象。他过着舒适的上流社会的生活，有充足的时间学习法语和研究学问。在此期间，他还童读了洛克的《人类理解论》（Essay Concerning Human Understanding）和贝克莱的《人类知识原理》，（The principles of Human Knowledge）。

　　但是，休谟觉得在这个城市里花费太多，一年要用 80 镑来维持生活，这几乎是他的固定收入的两倍。所以他在兰斯只住了一年，便去了生活费用低廉的拉福来舍（La Fle che）。拉福来舍是一个仅有五千人口的小镇，但这里有一座在欧洲十分著名的耶稣会学校，法国著名哲学家苗卡儿（Rene Descartes，1596—1650）就曾在这里就读八年。直到休谟抵达这里时，这所学校一直是笛卡儿学派活动的中心。学校的图书馆藏书十分丰富。休谟在这里借阅了大量的书籍，包括笛卡儿、马勒伯朗士（Nicole Malebranche，1638—1715 年）的著作和伏尔泰（Voltaire，Francois-Marie Aro uet，1694—1778 年）的《哲学通信》（Lettres Philosophiques）。与此同时，休谟在这里完成了他的长篇巨著《人性论》（Treatise of Human Nature）。

　　《人性论》是休谟的第一部哲学著作，在整个西方哲学史上，

它也是一部十分重要的文献。在这部著作中，休谟具体实现了他的关于建立"人性的科学"的设想。全书分"论知性"、"论情感"、"道德学"三卷，以牛顿、洛克以来的经验主义方法，详细地论述了他对人性各方面问题的基本观点。他提出：

　　"在我们的哲学研究中，我们可以希望借以获得成功的唯一途径，即是抛开我们一向所采用的那种可厌的迂回曲折的老方法，不再在边界上一会地攻取一个城堡，一会儿占领一个村落，而是直捣这些科学的首都或心脏，即人性本身；一旦被掌握了人性以后，我们在其他各方面就有希望轻而易举地取得胜利了。从这个岗位，我们可以扩展到征服那些和人生有较为密切关系的一切科学，然后就可以悠闲地去更为充分地发现那些纯粹是好奇心的对象。任何重要问题的解决关键，无不包括在关于人的科学中间；在我们没有熟悉这门科学之前，任何问题都不能得到确实的解决。因此，在试图说明人性的原理的时候，我们实际上就是在提出一个建立在几乎是全新的基础上的完整的科学体系，而这个基础也正是一切科学唯一稳固的基础。"

　　休谟对他建立的"人性的科学"很是自信，认为这是一项全新的事业，很少依赖以前的任何哲学体系。1737年8月26日，休谟写完了《人性论》后，写信给他的好友迈克尔·拉姆齐，说为了使他在读到《人性论》的手稿之前有所准备，建议他

"……重读马勒伯朗士神父的《真理的探索》、贝克莱博士的《人类知识原理》、塔尔（Bayle）的《辞典》中关于形而上学的文章以及芝诺（Zeno）和斯宾诺莎（Spinoza）的有关论述。笛卡地的《沉思录》也是有用的，……这些书将使你容易理解我的形而上学的推理部分以及其他部分。它们很少依赖于先前的哲学体系，仅凭给予作充足光明的天赋机智，就可以去评价它们的力量和坚实。"

1737 年 9 月，在法兰西的国土上留居了三年之后，大卫·休谟带着他用心血凝结成的《人性论》手稿，返回祖国。

他于 9 月中旬抵达伦敦，即开始为《人性论》的出版事宜奔波。他在这年底写给亨利·霍姆的一封信中说："我到这里已经近三个月了，每星期里都要与出版商们周旋，你可以想见，在此期间我并没有忘记这本书本身，我已经发现有些段落的风格和修辞并不令人满意。这件事的紧迫和重大牵扯了我的精力，使我比在法国单独沉湎于纯然的宁静时更难愉快。"

但是，除了关心《人性论》的出版事宜外，休谟在伦敦期间，有了更多的时间和机会观察和了解这个大都市生活的方方面面。他在政界、娱乐界和知识界给交了许多朋友，经常出入议会、法庭和剧院，从中学到了许多东西。不过，他更多的闲暇时间不是在剧院中，而是在"哲学的讨论"中度过的。他时常去一个"彩虹咖啡馆"（Rainbow Coffeehouse）与经常在那里聚会的法国新教逃亡者们讨论哲学问题。他很重视这里的哲学谈话，在给亨利·霍姆的信中，还专门谈到过这里的"哲学之夜"。可以想见，这种思想交锋和智慧的交流，对休谟的哲学思考必定大有裨益。

虽然英国早就宣布了出版自由，但像休谟这样毫无名声的青年人，要找到一个合适的出版商也不是一件容易的事。而且，他那些大胆新奇的见解，更使人望而生畏。在友人的劝说下，休谟删掉了原稿中"论神迹"一节，即他自己认为是"比较精彩的部分"。这样，经过一年多的周波，《人性论》的第一、二卷终于在1739年1月得以问世（第三卷于1740年1月由另一出版商出版）。

现在，休谟把他那些大胆新奇、甚至是革命性的思想端到了学术界的面前。它们能否引起他所预期的"哲学的完全改观"呢·此时此刻，作者本人的信念和感情又是怎样的呢·事实上，在《人性论》第一卷的结尾，休谟已经披露了他的担忧和不安：

"我首先对我在我的哲学中所处的孤苦和寂寞的境地，感到惊恐和迷惑，设想自己是一个奇形怪状的妖物，不能融合于社会中间，断绝了一切人间的来往，成为一个彻底被遗弃的、衷心忧郁的人。我很想混入群众之中，取得掩护和温暖；我自惭形秽，就没有勇气与人为伍。于是我就招呼他人来与我为伍，自成一个团体；但是没有一个人听我的话。每个人都退避远处，惧怕那个四面袭击我的风暴。我已经受到一切哲学家、逻辑学家、数学家、甚至神学家的嫉恨；那么，我对我必然要遭受的侮辱，还有什么惊奇呢·我对他们的体系，已经声明不赞成；那么他们如果对我的体系和我个人表示憎恨，我还能惊异么·当我四面展望时，我就预见到争论、反驳、愤

怒、诟骂和毁谤。而当我反观内视时，我也只发现怀疑
与无知。举世都联合起来反对我，驳斥我；虽然我自己
就已经是那样脆弱，以至我觉得，我的全部意见如果不
经他人的赞同，予以支持，都将自行瓦解和崩溃。每走
一步，我都感到踌躇，每重新反省一次，都使我恐怕在
我的推理中发生谬误。"

但是，这种忧郁的情绪随即就消逝了：

"最幸运的是，理性虽然不能驱散这些疑云，可是自
然本身却足以达到那个目的，把我的哲学的忧郁症和昏
迷治愈了，或者是通过松散这种心灵倾向，或者是通过
某种事务和我的感官的生动印象，消灭了所有这些幻想。
我就餐，我玩双六，我谈话，并和我的朋友们谈笑；在
经过三、四个钟头的娱乐以后，我再返回来看这一类思
辨时，就觉得这些思辨那样冷酷、牵强、可笑，因而发
现自己无心再继续进行这类思辨了。"

然而，无论如何，休谟对自己的著作还是充满信心的。在为
《人性论》出版而奔波的那一段时间里，他精神振奋，兴致勃勃，
沉醉于成功的幻想中。他自认为这部书提出了许多会使哲学彻底
改变面貌的新见解，向当时流行的、传统的观点进行了挑战，因
此，一定会引起轰动，专家学者们可能会对它进行指责和非难，
他并准备好用堂正的反驳来迎战。但是结果却使他大失所望。
《人性论》第一、二卷出版后，竟然无人问津，不仅书卖不出去，

而且也没有引起什么反响，甚至在他的朋友中间反应也不热烈。休谟后来在《自传》中说："从没有任何文学上的尝试比我的《人性论》更不幸。它从印刷机中一生出来就死去了，它无声无息，甚至在狂热之徒中也未激起什么怨言。"其实，对于像当时的休谟这样默默无闻的小人物来说，这种失败是不难理解的。人微言轻，不足以引起整个世界的重视。在哲学史上，叔本华（Arthur Schopenhauer，1788—1860 年）的《作为意志和表象的世界》（Die Welt als Wille und Vorstelluns）和尼采（Friedrich Wihelm Neitzche，1844—1900 年）的《札拉图士特拉如是说》（Also Sprach Zarathustra）等传世佳作，在问世之初都曾遭此厄运。另一方面，休谟以极高的哲学智慧和才华，提出了许多尚未为世人领悟的问题，曲高和寡，不为他的时代所理解和接受。也许《人性论》出世的太早了，如果晚半个世纪出版，可能就会是另外一番景象。

《人性论》出版后不久，休谟就回到了离别将近五年的故乡，和母亲与哥哥住在一起。此时他哥哥约翰·霍姆已成为一个很精明能干的庄园主，使祖传的产业大为增加。休谟住在乡下，一面继续读书写作，一面期待着社会对《人性论》的反响。我们知道，这种期望完全落空了，我们的哲学家初试身手，就遭到严重的打击。但是，《人性论》的失败并没有使休谟打算放弃文人的生活。正如他自己所说："我天性愉快，性情乐观，在受打击后不久就恢复了常态，并且以很高的热情在家乡从事研读。"他认为，《人性论》失败的原因，是在于自己的某些缺陷，而这些缺陷是可以避免的。这并不是书的内容不妥，而是叙述不当。他试图寻找一种新的表达方式，使他的思恋更好地适合大众的口味，易于为他

们所接受。于是他开始写一些生动活泼、通俗易懂的论说文，这些文章涉及批评学、哲学、伦理道德和政治等各个方面。其中包括《论趣味和热情》《论艺术和科学的起因和进步》《论迷信和狂热》《论人性的尊严》《论出版自由》等二十七篇，进一步阐发了《人性论》的基本思想。这些文章分两卷于 1741 年 1742 年在爱丁堡出版，书名为《伦理和政治论说集》（Essays Moral and Political）。

论说文的尝试是成功的，休谟确实受到了公众的认可。《伦理和政治论说集》一经出版。即大受欢迎，很快销售一空。报章杂志也竞相发表评论、报导和介绍休谟的著作。这与《人性论》问世时受到的冷遇形成鲜明的对照。休谟在 1742 尔写给亨刮·霍姆的信中颇为得意地说：

> "《伦理和政治论说集》已在伦敦销售一空，这是我从两位熟悉的英格兰绅士的来信中得知的。它们现在供不应求；正如其中一封信所说的，保罗教堂的大书商伊尼斯（Innys）抱怨没有新版，因为他没能为主顾们找到此书、我也得如巴特勒博士（Dr Butler）到处推荐这部书。因此我希望获得更大的成功。它们会被证明像肥料一样，滋养我的哲学的其他部分，这些部分是更持久的，虽然具有更艰难棘手的性质。"

确实，《伦理和政治论说集》的成功使休谟精神振奋，信心大增，先前失败的烦恼也随之烟消云散。正是《伦理和政治论说集》，开始建树了大卫·休谟作为 18 世纪杰出文人的伟大名望。

3. 家庭教师和使馆武官

但是，哲学家也得吃饭，单靠初露头角的名声并不能给他舒适安宁的研读生活提供可靠保障。他曾说过："我家并不富裕，而且我是兄弟中最小的，按照家乡的习俗，我所继承的财产自然是微乎其微。"这时，他已经三十多岁，仍然没有一个固定的职业，经济上一直处于拮据状态。他很想找到一个正式的职业，以便有比较稳定的收入来源，使他能安心从事研究和著述。

1744 年，休谟发现了这样的机会。这年夏天，爱丁堡大学的伦理学和精神学讲座出现了空缺，休谟的朋友约翰·库兹（John Coutts）立即向市政委员会推荐休谟作为候选人，其他朋友们也积极活动，争取为他谋到这个职位。这是一个很有地位的职位，既可以给他提供可观的收入，也可以给他提供一个实现他在文学和哲学上的抱负的机会。但是结果却使休谟大失所望。公众舆论认为，这位写过《人性论》的人，是一个不信上帝的怀疑主义者，根本不适合担负起教育青年的重任；还有人认为他资历浅，名声低，与这样重要的职位不配。起初休谟对形势的估计还比较乐观，认为这些谴责和诋毁不合奏效，因为他的朋友也是很有力量的。但是后来，对休谟的攻击越来越激烈，原来支持他的一些人也放弃了他们的支持，转而加入谴责的行列。休谟在给朋友的一封信中懊恼地说："在爱丁堡，人们以怀疑主义、异端以及其他种种耸人听闻的罪名吵吵嚷嚷地攻击我，使朋友们发觉难以为我谋求教授的职位。"

不过，爱丁堡大学讲座这个插曲，却使休谟另有收获。他发现，当时的社会仍然是不宽容的，人们很刻薄地对待敢于持与传

统相悖的意见的人；同时他也发现，原来以为"从印刷机中一生出来就死去了"的《人性论》，其实并没有死，这部倒霉的著作当时曾受到冷遇，现在却成了人们攻击他的把柄。它的不幸，不仅在于那些有能力把握它的思想的专家学者们对它视而不见置若罔闻，而且也在于它被另外一些人读到，这些人虽然不能理解它的思想，却能给作者制造麻烦。

这次谋求爱丁堡大学教授职位的努力失败以后，休谟接受了他过去曾多次拒绝的担任家庭教师的建议。这欢邀请他的英格兰韦尔德豪尔（Weledhall）地方的一名叫安南戴尔（Marquess An-nandale）的青年侯爵。休谟在《自传》中这样写道：

> "1745年，我收到安南戴尔侯爵的信，邀请我去英格兰与他同住。后来我得知，这位青年贵族的家属和朋友们都愿意让他受到我的照顾和指导，因为他的精神和健康状况都需要这样。我与他一起生活了十二个月，在此期间担任的职务使我微薄的财产大为增加。"

休谟于1745年2月底动身去伦敦，在那里见到了他的学生，25岁的青年侯爵。安南戴尔家资万贯，身体强健，为人热情，但他的神智并不很健全，是一个行为古怪的、患精神病的人。他曾读过休谟的《道德和政治论说集》，对休谟的才华智慧极为钦佩，所以要请休谟作他的家庭教师。休谟到伦敦后，在侯爵府邻近处找到住所，每天都去看他。他还见到侯爵的一些亲属和王宫委托的保护人，他们答应付给休谟三百镑的年薪，请他指导和照顾侯爵的生活。四月初，休谟陪同安南戴尔从伦敦去了为尔德豪尔的乡间别墅。

起初一切顺利。休谟和他的学生相处融洽，在乡间田园中过着宁静而愉快的生活。休谟在当时写的一封信中说："我们在一起生活，充满了善良的愿望和友谊，""我有足够的空闲时间读书，虽然写作的时间不多，但我仍然准备继续我的哲学和道德论文。"但是好景不长，过了夏天以后，侯爵的精神就每况愈下，情绪无常，使休谟很难应付。他有时含着热泪紧紧地拥抱休谟，表示友好；有时又无缘无故地暴跳如雷，大喊大叫。他有时把自己反锁在房间里，连续几天不让人接近；吃过饭后，就故意地呕吐，把整个别墅闹得乱七八糟。事实上，休谟已经成了安南戴尔的保姆，而不是家庭教师。这种情况，休谟根本无法执行教师的职责。

休谟写信把这些情况告诉侯爵的亲属和保护人，希望能让他们搬到城里去住，特别把冬天即将来临，在韦尔德豪尔会更寂寞难熬，这对侯爵的健康是很不利的。但是，侯爵的亲属和保护人们对安南戴尔的状况漠不关心，他们把这个疯子交给了休谟，就甩掉了手上的包袱。因此他们对休谟的建议置之不理。最后，休谟觉得实在难以忍受了，便离开了这个倒霉的地方。

在韦尔德豪尔期间，休谟写作了三篇关于政治和道德的论文（Three Essays, Moral and Political），还完成了《关于人类理解的哲学论文集》（PhilosoPhical Essays Concerning the Human Understanding，后改名为《人类理解研究》A Enquiry Concerning Human·Understandinn）。《哲学论文集》是《人性论》第一卷的改写本。在这部著作中，休谟完成了他的用更明晰的语言表达哲学思想的新计划。他在给友人的一封信中说："我相信《哲学论文集》

包括了你会在《人性论》中看到的与论证理解有关的全部内容。我建议你把它们对照起来读，我意在对这些问题做简明扼要的叙述，以便使它们的表达更加完善。"（这本书以简洁、锋利的文字更为集中地论述了《人性论》第一卷中的观点，特别是在第十和第十一章中，对宗教和迷信进行了直率的抨击。第十章"论神迹"本来是作为《人性论》的一部分写的，他在初到法国、逗留巴黎期间，便接触到神迹问题，并阅读了大量的有关文献，做了比较深入的研究。但在《人性论》出版时，在一些朋友的劝告下，"为了尽量少得罪人"而割爱。现在，休谟不顾友人的再次劝告，决定把它放在《哲学论文集》中发表，因为在他看来，这一章是最能体现他的哲学特点，原是《人性论》中最精彩的一部分。实际上，《哲学论文集》整个就是一件精美的艺术品。它的风格在这本书的著名结语中得到了典范式的体现。在这里，休谟提出了他称之为"温和的怀疑主义或学院派哲学"的基本原则：论证的可靠性只限于纯粹思想的领域（逻辑和数学的科学），其他建立在因果推论基础上的、涉及事实或经验材料的科学，只能具有某种程度的或然性。最后，休谟颇为得意地说：

　　"我们如果相信这个原则，则我们在巡行各个图书馆时，将有如何大的破坏呢·我们如果在手里拿起一本书来，例如神学书或经院哲学书，那我们就可以问，其中包含着数和量方面的任何抽象推论么·设有。其中包含着关于实在事实和存在的任何经验的推论么·没有。那么我们就可以把它们投在烈火里，因为它所包含的没有别的，只有诡辩和幻想。"

　　1746 年 4 月，休谟离开韦尔德豪尔，到了伦敦。这时他已经开始了对历史问题的研究，并为写作历史著作进行了最初的尝试。在他看来，历史是政治的具体表现，人在各个历史时代的故事是"人的科学"的一个基本的方面。

　　他在伦敦住了几个星期，仍然生活无着，于是他决定回苏格兰。但是，就在他准备停当，连行李都已送到船上，马上就要启程的时候，一个出乎意料的邀请使休谟改变了主意。原来，为了与法国争夺北美洲的殖民地，英国政府决定向加拿大派遣远征军。统帅这支军队的是休谟的一个远房亲戚、陆军中将圣克莱尔（st. Clair）。他们在伦敦不期而遇，于是圣克莱尔邀请休谟做他的秘书，陪同他远征加拿大。虽然休谟对此事从来也没有想到过，但这样浪漫的冒险，仍使他很激动，于是休谟当即欣然接受了将军的邀请。事实上，休谟与圣克莱尔将军的友谊，是他一生中的一个重要因素，使他最终达到了经济上的独立，不再为生计奔波，完全安下心来写他的书了。休谟在当时写给亨利·霍姆的信中说："至于我自己，我的生活是很愉快的；虽然不可能像人们告诉我的那样有利可图，但在美洲由将军统帅下的这样一支庞大的军队中，我的报酬必定相当不错。"对于问他是否要在军队中服役的问题，休谟回答说："在我这个年龄，我不能被授予任何体面的军衔，除非是当一名尉官；在军队工作的唯一前程，首先是任命我为美洲军团中的一名尉官；但这并不是我可指望的，实际上我也无意于此。"

　　这年 5 月，圣克莱尔将军和休谟离开伦敦，到达普列茅斯（Plymouth），准备从那里乘船启程。但是，由于军饷不足和其他原因，陆军部迟迟不下达出征的命令，行期一拖再拖，在普列茅斯滞留了整整一个夏天。直到九月，才最后下来了命令，但不是去加拿大，而是要他们去攻打法国的西海岸。他们对此毫无准备，甚至唯一的一张法国地图，也是现从一家小书店里买来的中学教课用的地图，结果可想而知，他们大败而归。

虽然这次军事行动失败了，休谟也离开了军旅生活，但是，他与圣克莱尔将军的友谊并没有因此中断。圣克莱尔并没有忘记他的这位亲戚。回国后不久，他就邀请休谟与他一起去西班牙的佛兰德，参加另外一场战争。休谟虽有心亲眼目睹一场真正的战争，以增加军事方面的知识，但他正打算进行历史问题的研究，需要充裕的时间；而且他担心与将军一起住在军营里，没有任何身份，也没什么事可做，会显得荒唐可笑，便谢绝了将军的邀请。在这期间，休谟一度回到乡下，进行《关于人类理解的哲学论文集》的定稿工作，同时为他执行历史研究的新计划做准备。后来，圣克莱尔作为军事使节奉命出使欧洲大陆，又请休谟同往。这回休谟欣然允诺，以武官的身份担任将军的秘书，随圣克莱尔出使欧洲。休谟在《自传》中这样写道：

"下一年，即1747年，我接受将军的邀请，陪同他去维也纳和都灵的宫廷出任军事使节。我穿上一套武官的制服，以将军副官的身份被介绍给那些宫廷，与我同去的还有亨利·厄斯坦爵士（Sir Harry Erskine）和陆军上尉格兰特（Gran），即现在的格兰特将军。我在一生中几乎只有这两年中断了研究工作。我在上流社会中愉快地度过了这些日子。"

1748年3月，休谟和圣克莱尔将军等人从伦敦启程，失去了荷兰的海牙，然后到了奥地利首都维也纳，接着又到了意大利，游历了米兰、都灵等城市。休谟身着戎装，侧身上流社会，出入宫廷豪门，日子过得很舒服，情绪也非常好。当年11月，他们完成了出使的任务，由都灵取道法国回到伦敦。

陪同将军出使期间，休谟虽然暂时中断了研究工作，但使他有机会了解这些国家的风俗民情和政治军事情况，增长了许多实际的知识。同时，也使他的收入大为增加。我们知道，这对休谟的学术生活也是十分重要的。正如他在《自传》中所说："……我的职务和生活节俭，使我达到了我认为可以独立生活的财产，虽然当我这样说的时候，大多数朋友都笑话我。此时我差不多拥有了一千镑的财产。"（确实，休谟长久以来追求的目标，即不受任何干扰地完全献身于哲学研究，到了1749年，已经完全可能了。

4．声誉鹊起之时

休谟在都灵逗留期间，他的《关于人类理解的哲学论文集》在伦敦出版。但是，这部著作问世之初，也并不比《人性论》的命运好多少。1748年底，休谟出访归国后，发现自己在知识界仍冷落无闻。他在《自传》中写道：

"我从意大利归来时痛苦地发现，整个英国都为米德尔顿博士（Dr Middleton）的《自由研究》（Free Enquiry）所激动，而我的作品却几乎无人问津。我早先曾

在伦敦发表过的关于道德和政治的论文的新版本，也没有受到人们的欢迎。"

　　然而，几年之后，大卫·休谟就被公认为整个英国知识界的领袖人物，有人甚至把他称为"不列颠最伟大的著作家。"在欧洲大陆，他被看做是伟大的法国启蒙学者孟德斯鸠（Charles Montesquieu，1689—1755）衣钵的无与伦比的继承人，事实上，在孟德斯鸠生命的最后几年，也确实与休谟有过来往。1763年，当休谟渡过英吉利海峡接受法国人的敬意时，他的名字已在知识界中人人知晓。实际上，从1749年到1762年，是休谟文人生涯中最重要的时期，其成就和名望都达到了一生中的辉煌顶点。这是一个卓越的文学活动、广泛的论战和最终赢得公众的持久承认的时期；但与此同时，也是一个他屡受攻击和诋毁、接连遭受挫折甚至蒙盖受辱的时期。不过，休谟天性平和，无论是热情的赞扬，还是恶毒的嘲骂，他都看做是标志着自己声誉不朽的征候。

　　在出使欧洲大陆归国后，休谟便离开了克莱尔将军，在伦敦住了将近半年，以扩大自己在知识界的交往。因为，按照他自己的说法，此时他已拥有足以独立生活的财产，可以完全致力于学术上的事业了。但是，如我们已经知道的，他的《哲学论文集》尽管包括"论神迹"这样极易引起激动的檄文，仍然没有引起任何反响和关注。在当时的英国知识界，休谟还是无甚声名的。于是，他打点行装，在这年初夏回到奈因微尔斯的故乡。此时他的母亲已经过世，他与哥哥和姐姐住在一起，专心致志地从事著述和研读。在此期间，他也曾间或短期到过爱丁堡，例如他曾力促孟德斯鸠的名著《论法的精神》（Esprit des Loix）的英文选译本在爱丁堡出版。但他的主要兴趣还是撰写自己的著作，不仅是哲学，而且包括伦理道德、政治、经济、宗教、历史等诸多方面。在这一时期，休谟完成了《道德原理研究》（Enyuiry Concerning the Principles of Morals），这本书是《人性论》第三卷的改写本。在这本书中，休谟仍然坚持经验主义的方法，用比较更简明清晰的语言，进一步阐述了他的伦理道德观点。休谟自己认为，在他的全部作品中，"无论是历史、哲学还是文学的，都不能与这部著作相媲美。"（这本书于 1751 年在伦敦出版，但是问世之后，和它的姊妹篇《哲学论文集》一样，"并没有引起人们的注意。"）他还写作了关于政治和经济的十二篇论文，阐述了他的具有启蒙时代典型特征的政治思想，反对教权派干预国政，拥护公众的"自由、科学、理性和实业"的发展，阐述了主张自由贸易的经济理论，对当时繁荣起来的工商业作了进步的和乐观的赞扬。这些论文包括《论权力平衡》《论奇异风俗》《完善的共和政体观念》《论货币》《论商业》《论贸易平衡》等，于 1752 年以《政治论》（Political Discourse）为名汇集出版。休谟说，"这是我唯一一本首次出版即获成功的著作，它在国内外都很受欢迎。"（这本书确实与他的其他著作出版时的冷静场面截然不同，销路十分可观，而且第二年就有法文译本在荷兰出版，接着又出版了第二种法文译本。休谟本人也对这本书十分重视，曾亲自赠书给孟德斯鸠，并与亚当·斯密等人对有关问题做过多次讨论。在居乡期间，休谟还写了两本关于宗教方面的著作，一是完成了论文《宗教的自然史》（Natural History of Religion），继先前对"神迹"的批判之后，深入分析了传统宗教产生的根源及其演变，着重揭露了基督教神学的荒诞、虚伪以及宗教利用狂热和迷信对人类社会造成的巨大危害。二是撰写了《自然宗教对话录》（Dialogues Concerninn Natural Religion）的初稿，这本书用怀疑主义为武器，对当时流行的宗教理论——宇宙设计论作了深入的批判，是最能代表他的宗教和哲学观点的一本著作。此书后来又经休谟反复修改，三易其稿，直到他去世后才得以问世。在写作上述著作的同时，休谟还埋头于历史学习，做了大量有关英国史的笔记。可以说，休谟在故乡居住的这两年，是他一生中创造力最强的年头。至此，除了《英国史》和几篇论文外，他的主要著作几乎都已经完成了。

　　1751年，休谟40岁的时候离开故乡，来到爱丁堡，这回一住就是十多年。休谟到爱丁堡定居的直接原因，是他的哥哥约翰·霍姆在这年结了婚，休谟担心家庭增加了新成员会引起不睦，便离开奈因微尔斯。但是，更主要的原因是，他赞同培尔这样的看法，即真正的文人应该住在首都。不过休谟是一个苏格兰人，觉得伦敦并不适合他的生活，而爱丁堡就是苏格兰的首都。用他自己的话说，像爱丁堡这样的城市，"是文人的真正舞台"。我们知道，休谟曾在爱丁堡度过他的学生时代，当时流行的新思潮和弥漫于爱丁堡大学的理智气氛，曾给他以深刻的影响。现在，爱丁堡与伦敦等大都市相比，仍在思想文化上处于领先地位，各种新思潮新观点流行不衰，思想文化领域相当活跃。休谟走进这种激动人心的环境中，立即与知识界建立了广泛的联系和接触。他的住所时常高朋满座，议论风生，讨论与哲学、文学、历史、政治等有关的种种问题。他还参加了爱丁堡哲学会、择优学会、拨火棍俱乐部等知识分子团体，并在实际上充当了领导者的角色。休谟此后的生活始终是与苏格兰的启蒙运动紧密联系着。

"爱丁堡哲学会"（Philosphical Society of Edinburgh）创立于1731年，起初称为"艺术和科学促进会"（Society for Improving Arts and sciences），主要任务是收集和整理出版医学科学方面的论文。1737年，根据科林·麦克劳林教授（Colin Maclaurin）的建议，把哲学和文学也包括进来，成员的基础也随之扩大。休谟的老朋友亨利·霍姆、哲学家罗伯特·华莱士（Robert wallace）等知名人物都是该会的早期成员。但是到了1745年，由于国内发生暴乱，该会的活动无形地停顿下来，直到1751年，即休谟到爱丁堡定居的这一年，方才重新开始活动。休谟和亚历山大·门罗教授（Alexander Monro the Younger）一起被选为学会秘书。他们共同编辑了两卷《自然科学和文学论文集》（Essays and Observations, Physical and Literary），分别于1754和1756年出版。

1753年，休谟还参加了由亚当·斯密创立的"格拉斯哥文学会"（Literary Society of Glasgow）。亚当·斯密是英国著名的经济学家和哲学家，古典经济学名著《国富论》（Wealth of Nations）的作者，当时在苏格兰的第二学术中心格拉斯哥大学任道德哲学讲座教授。斯密对休谟的才智仰慕已久，还是在学生时代，就曾读过休谟的《人性论》，并为此受到学校当局的斥责。也许是在1750年，即斯密在爱丁堡大学担任讲师时，与休谟第一次会面，从此开始了两位文人的古罗马式的伟大友谊，这种友谊一直持续到休谟去世。格拉斯哥文学会是一个一般性的开展讨论的学会，主要由相拉斯哥大学的教授组成，还有少数爱好文学的商人乃至地方绅士参加。在学会创立的最初半年中，每星期四晚上都举行聚会，对广泛的问题进行讨论，有时还发生很激烈的争吵和辩论。由于休谟住在爱丁堡，不可能经常参加学会的活动，但他通过斯密与该学会保持着密切的联系，并曾向学会提交过论文。而在学会的第一次会议上，斯密宣读的论文就是对休谟《政治论》中的经济思想的评论。

1754年，休谟和斯密还参与创办"择优学会"（Select Society）的活动。择优学会是仿效当时法国城市中常见的学会建立起来的，是讨论国内外大事的民间团体，在某种意义上也是以促进苏格兰的艺术、科学和制造业为宗旨的爱国组织。最先提出建立这个学会的是休谟青年时代的朋友、画家阿伦·拉姆齐，他曾在1739年到法国旅行，法国的一些民间团体给他留下深刻的印象。拉姆齐提出他的设想后，立即获得休谟和斯密的赞同，并亲自参加了组织领导工作。择优学会建立后，即刻取得了巨大的成功。会员人数由最初的15人很快增加到130人，达官显贵、文人学者、各界名流都竞相参加。该学会每星期五晚上开会，讨论文学和艺术问题，或历史上争论不休的问题，但讨论最多的还是经济问题和政治问题。例如院外救济、限嗣继承、银行业务、亚麻布出口补贴、威士忌酒税以及孤儿院等方面的问题，或奴隶制对自由人是否有利·与爱尔兰合并对大不列颠是否有利·等等。爱丁堡的这些文人学士在讨论中十分活跃，他们表现出来的才华，无论是苏格兰长老会大会还是帝国议会都只能望洋兴叹。择优学会很快就在苏格兰名声大振。1755年，休谟在给当时已移居罗马的阿伦·拉姆齐的信中，说择优学会：

　　　　"已引起了全国的普遍关注。无论是年轻人还是老年人，富贵者还是卑贱者，智者还是愚者，俗人还是僧侣，都希望加入我们的行列。他们想象当下院议员那样，缠

着我们要求加入学会。……我们的年轻朋友韦德伯恩
(Wedderburn) 由于在讨论中引起了大家的注意，赢得了
很大的名声。那个名叫威尔基 (Wilkie) 的牧师过去默默
无闻，现在则很受上流社会欢迎，确实是个非凡的人物。
蒙博多 (Monboddo) 的古怪动作使人发笑，大卫爵士
(Sir David) 的热诚使人欢乐，杰克·达尔林普尔 (Jack
DalrvmPle) 的语言使人感到很有兴味。那些慢吞吞地发
表长篇大论的人自愧不如，发言的次数越来越少。总之，
爱丁堡的居民对择优学会的好奇，要胜过伦敦人对下议
院的好奇。所谓罗宾汉学会 (the Robinhood)、撒旦学会
(the Devil) 以及所有其他经常开展辩论活动的学会都已
相形见绌。"

不过，择选学会并不是单纯进行讨论的团体，它还抱有这样
的目的，即做一些实际的事情，以促进苏格兰的科学技术、制造
业和农业的发展。他们依靠私人捐款，制定了一个奖励在人类劳
动的各个领域作出优异成绩的人们的计划。休谟在给拉姆齐的信
中还提到，他们已得到一百镑的捐款，而且好几个贵族答应提供
巨额捐款。他们的这个奖励计划坚持实行了近十年，对于开发和
利用苏格兰的工业资源以及促进科学文化事业的发展，都产生了
极为有利的影响。

爱丁堡"拨火棍俱乐部" (Edinburgh Poker Club) 成立于
1762 年，表面上是一个单纯社交性的团体，实际上是进行政治鼓
动的组织。它尊重当时人们喜欢饮酒作乐的习惯，认为要圆满完
成任务，首先必须储存地道的法国红葡萄酒，时常聚餐，以使

"拨火棍"经常搅动人的心弦。这个名称源于它的实际目的，即为了鼓动人们，特别是上流社会的人们在苏格兰建立民兵组织，当时这个组织正使整个苏格兰群情激昂。俱乐部的成员有许多显赫人物，如大贵族、律师、知名学者等，还有一些政治观点各不相同但精神都很饱满的地方乡绅。除少数人外，择优学会的大部分成员都加入了这个俱乐部。休谟和他的许多朋友从一开始就参加了拨火棍俱乐部的活动，并在实际上发挥了很大的作用。据说，该俱乐部特意给休谟安排了一个闲职，人们并且开玩笑地称这个闲职为"暗杀官"，而且，为了防止他过于仁慈而误事，还任命安德鲁·克罗斯比（Andrew Crosbie）律师做他的助手。这个拨火棍俱乐部的活动持续了十多年，虽然并没有实现建立民兵组织的目标。

无论是爱丁堡哲学会、格拉斯哥文学会，还是择优学会等，都在苏格兰的启蒙运动中发挥了十分重要的作用，它们存在本身就是启蒙运动的必不可少的部分。休谟通过在这些团体中的积极活动以及其他社交活动，进一步扩大了自己在知识界的影响和地位，提高了自己的声望，并且与许多著名的文人学者建立了比较密切的联系和友谊。但是与此同时，他也招致了更多的攻击和反对，似乎他的名望越高，对他的抵制和污蔑也就越激烈。实际上，在他移居爱丁堡之初，便遭到一次严重的挫折。

1751 年冬天，格拉斯哥大学主持道德哲学讲座的托马斯·克雷吉（Thomas Craigia）教授病故，亚当·斯密接替了这个位置。这样，斯密原来主持的逻辑学讲座就出现了空缺。当时争夺这一职位的斗争十分激烈。休谟在格拉斯哥大学校内外的许多朋友都劝他作候选人参加角逐，并为其四处奔走说项。其中斯密对此事特别关心，他不仅是这个职位的前任，而且作为道德哲学教授也是他的继任者的评选人，所以他的活动是很有力量的。此外，还有数会史教授威廉·罗特（William Ruat）、医生和解剖学教授威廉·卡伦（William Cullen）等人也曾竭尽全力给予帮助。由于这个竞争有一位第一流的哲学家参加，因而引起了社会的广泛兴趣。

然而，正像休谟在格拉斯哥有许多朋友一样，他在那里也有许多敌人。在大学里很有影响，以后担任该校院长的神学教授李奇曼（Leechman）早先就曾在休谟争取爱丁堡大学教授职务时激烈反对，所以很难设想他现在会支持休谟。大学评议会的其他成员对休谟的提名也都反应冷淡。斯密在给卡伦的一封信中说：

> "我想，从大学着想，大卫·休谟比任何人都合适，但公众可能反对。从社会利益方面考虑，舆论也；不可轻视。但如果我担心的那件事真的发生，舆论反对也没用。"

这封信是在克雷吉教授去世前些天写的，"我们担心的那件事"就见指克雷吉教授去世。但是反对休谟的舆论是十分激烈的，特别是当地的牧师们，拼命地抵制对休谟的任命，就像休谟在爱丁堡遇到过的那样。从斯密的这封信中可以看到，他也充分注意到，如果休谟那样著名的怀疑主义者得到上述任命，将会招致苏格兰社会的批评，从而有损于大学的利益。因而，从当时的形势来看，休谟要获得任命的唯一希望，是争取得到阿盖尔公爵（The third Duke of Argyll）的支持。事实上，阿盖尔公爵是在十八世纪上半叶支配着苏格兰政治生活的人物，有"苏格兰王"之称。他虽无权任命并非国王亲自设立的讲座的主持者，但他对一切讲座的任命抱有很大的兴趣，而且在这方面具有很大的影响力。休谟向来不善于邀好权贵，虽然在 1748 年托一位朋友把他的《道德和政治论说集》赠与公爵，但除此之外并无来往。结果阿盖尔公爵并没有支持他。休谟在给约翰·克莱芬（John Clephane）的一封信中说："你或许已从我在格拉斯哥的朋友们那里听说，公众舆论都反对我选入大学；他们赢了，尽管牧师们坚决和强烈地抗议，但如果阿盖尔公爵有勇气给我一点支持也不致如此。"（按照休谟本人相信的说法，恰恰是由于阿盖尔公爵的干预。一个名叫克劳（Clow）的年轻的非正式牧师接任了逻辑学教授职位。这个青年当时毫不为人所知，以后也是湮没无闻。学院糊涂地起用了平庸之才，而苏格兰最卓越的哲学家却从未获得一个大学中的哲学讲席。

争取格拉斯哥大学教授职位的失败，使休谟颇为不快，但是这次失意很快就得到了补偿，因为他在紧接着的爱丁堡的一破竞争中赢得胜利。1752 年 1 月 28 日，他被选任为爱丁堡苏格兰律师公会图书馆（夺苏格兰公共图书馆）馆长和公会书记。他在给约翰·克莱芬的信中颇为自得他说：

"这个星期的经历简直使我陶醉在洋洋自得的浮夸之中；只是出于礼仪体面，才坚持严格地看顾自己，控制这种感情的迸发，我的确开始发现这会损害我的健康，并且觉察到切开血管放血和放纵我的爱好都是绝对必需的。因此，你要做我的医生。……你必须鼓励我的自满情绪流溢出来；我也期望你以少许的赞扮而助天性的表露，从而使平静的致病因子之流引发出来。你并非仅为我自己而参与这件大事；哲学、文学、科学、美德和胜利与我同在，并且在这一独特的事例中，把人们从偏执和迷信中转变过来。"

休谟自己也承认这些话过于虚饰浮夸，但是，如果我们联想到刚刚在格拉斯哥经历了一次挫折，而目前的胜利亦是来之不易，就不难理解休谟的此等心情了。事实上，休谟得到律师公会图书馆的职位，经历了一场相当激烈的斗争。当这个职位出现空缺时，休谟的朋友们未及与他本人商议，便提名由他接任。但是这一提名立即遭到强烈的反对。反对势力"大喊大叫地以自然神论、无神论和怀疑主义等污名攻击我，声称我若被选任则会使这个国家中最伟大和最博学的人都赞成我的渎神的非宗教原理。但更为危险的是，我的敌人还缔结正式的协议策对反对我的阴谋。"当时的斗争十分尖锐，致使休谟的支持者们在确定人选前一星期，举行正式的会议，以振声威。"他们以义愤的呐喊回去反对党；公众完全站在他们一边，以致使我们的对手处于孤立无援的境地；信函发往祖国各地，对我们的声援来自四面八方，我以绝对的优势而被选任，大家都极为兴奋。"确实，在这场斗争中，教会势力遭到惨败，而爱丁堡的市民们却为休谟获胜欢欣鼓舞。为了庆贺胜利，市民们还在当晚举行火炬游行，鸣鼓奏乐，以表达他们的欢快之情。"如他们所说，我成了一个伟大的人物。"

休谟终于成了爱丁堡的"伟大人物"。图书馆的职务虽然收入并不多，但颇为尊贵和有地位，而且这个图书馆拥有 3 万册图书。休谟可以充分利用这些丰富的藏书，着手进行他酝酿已久的宏伟计划——《英国史》，这是除《人性论》而外的又一鸿篇巨制。

　　休谟对历史问题的研究是和他建立"人性的科学"的整个设想密切相关的。他认为，人性的科学是唯一的"人的科学"，而哲学和历史共同构成了"人的科学"的基础，因为历史学家追溯的是人的心灵发展的轨迹，并为哲学家获得思想和行动的原则提供材料。在《关于人类理解的哲学论文集》中，有一段特别强调哲学与历史的相互联系的论述；

　　　　"历史的主要功用只在于给我们发现出人性中恒常的普遍的原则来，它指示出人类在各种环境和情节下是什么样的，并且供给我们以材料，使我们从事观察，并且使我们熟悉人类动作和行为的有规则的动机。战争、密谋、党羽和革命的种种记载，在政治家和道德哲学家手里，只是一大堆实验，他们正可借此来确定他们那种科学的原则。这个正如物理学家或自然哲学家借各种实验熟悉了植物、动物和别的外物的本性一样。"

　　这种对历史和哲学的基本关系的认识，使休谟的《英国史》带有哲学化的特征。他认为，中世纪是黑暗的世纪，历史是从15世纪文艺复兴阶才开始的，只有这时知识的太阳才升起来，从此，人类才有真正的文明，历史也才有研究的价值；而中世纪不过是人类文化史上的"千年空白"，其意义不过是反衬现代的伟大而已。他的历史著作把起自然的、神的历史变成了世俗的、现实的历史，从而扩大了历史研究的领域。他不仅记载了政治、战争等重大历史事件，还记录了文学艺术和人民的生活。所以他的《英国史》是用启蒙观点建立通史体系的一个尝试。

休谟的《英国史》（History of England, from the Invasion of Julius Caesar to the Revolution In1688）是18世纪问世的一部最完备的英国通史。全书共分六卷，前两卷追述了从公元前55年恺撒（Julius Caesar，公元前100—44年）入侵大不列颠至15世纪都铎王朝（the House of Tudor）的建立约1500年的历史；第三、四卷叙述了16世纪整个都掉王朝近120年的历史；第五卷叙述了17世纪上半叶英国革命爆发前约半个世纪的历史；第六卷记述了从1649年共和国成立后，经过内战，到1688年"光荣革命"为止不到40年的历史。

这样一部包括一千七百年历史的著作，确实是一项浩繁宏大的工程，休谟为此辛勤劳作了整整十年。他认为，"要连续叙述一千七百年的历史时期，实在是令人望而生畏，所以我从斯图亚特王朝（the House of sturt）开始。我认为，这是党锢之争开始出现的时代。"（因而，这部著作的第五卷首先于1754年问世。休谟以为他的著作批判了以往对英国史研究中的因循守旧的观点，大胆地进行了革新，有独到的见解，因而他相信此书一定会大受欢迎。但是他的估计完全错了，此书一经出版，即遭惨败。休谟在《自传》中写道：

> "我承认，当时我对此书的成功颇为乐观。我认为，我是唯一能把现世的权力、利益和权威以及公众偏见的呼声都弃之不顾的历史学家；而且既然历史这个题材适合于任何人口味，所以我也期望得到相当的赞赏。但我失败的很惨，我受到斥责、非难甚至厌恶的呼声的打击。

英格兰人、苏格兰人和爱尔兰人，辉格党人和托利党人，国教徒和分裂教派成员，自由思想家和宗教狂，爱国者和朝廷大臣，都一致对我大为愤怒，因为我竟然为查理一世（Charles I）和斯特拉福德伯爵（Earl of Straf ford）的命运掬一同情之泪。当这个愤怒的狂澜过去之后，更令人沮丧的是此书似乎已湮没无闻。米勒（Andrew Millar）先生告诉我，在一年之内这本书他只卖出去45册。我也确实未曾听说在英伦三岛中有一个能容忍此书的贵族或文人。不过英格兰大主教赫林博士（Dr Herring）和爱尔兰大主教斯通博士（Dr Stone）似乎是两个极少的例外。这两位高贵的主教曾分别给我捎信，嘱我不要沮丧气馁。"

　　休谟的《英国史》在问世之初所遭际的失败，除了政治方面的原因（主要是辉格党人的不满和抵制）而外，最重要的是这部著作所表现出来的非宗教倾向。实际上，休谟的怀疑主义和非宗教精神早已成为教会势力和神学家们仇视和憎恶的对象，而在当时，苏格兰正因为休谟的异端邪说而沸腾。1755年，休谟把包括《宗教的自然史》在内的《论文四篇》（Four Dissertations）付印。由于出版商的疏忽，在正式出版之前，就有几部毛本流传于外，结果引起轩然大波。教极派人士大为愤怒，指责休谟在建立一种无神论。在一些名望很大的牧师支持下，有人在长老会大会上提出了一项闻所未闻的提案，要求审判这个大怀疑主义者，谴责他的著作并革除他的教籍。

　　苏格兰教会法庭的头头们很聪明，否决了这项会招致麻烦的提案，而像往常所做的那样，通过了一项无实际内容的决议，对当时有害思想的增多表示关切，没有难为教会，让它采取任何实际行动。而休谟的态度非常强硬，对革除他的教籍的打算只是付之一笑。但这一风潮的主谋者们并没有偃旗息鼓，他们希望在1756 年 5 月举行的下次大会上取得胜利。在这两次大会之间，休谟曾写信给在罗马的朋友阿伦·拉姆齐说："您可以告诉尊敬的教皇先生，这里有一些人在骂他，他们如果拥有他那么大的权力，将进行残酷得多的迫害。上次大会把矛头对准了我。他们没说要对我施行火刑，只是因为他们还没有那样的权力，但他们想把我交给魔鬼，他们认为他们有这样做的权力。然而，我的朋友们战胜了他们，我被打入地狱的日期延缓了一年。虽然如此，下次大会肯定还会把矛头对准我。"（事实正是这样。在 1756 年 5 月举行的长老会大会上，果然有人提出要对那个"自称为大卫·休谟的人"采取行动，"因为他已公然承认自己是那些粗暴而公开地攻击神圣的基督福音的书籍的作者，"还有人提出一项动议，要求设置一个委员会来"调查这个作者的著作，传他受审，并整理在下次大会上提出的材料。"不过这个动议也被否决了。经过一年多的周折，《论文四篇》终于在 1757 年得以出版。当然，教会势力并不甘心罢休，1761 年，罗马天主教会把休谟的全部著作列为禁书。

休谟对这些吵吵嚷嚷的反对声并不怎么当回事，有时甚至以这些噪声为快。也许这就是休谟的性格：在接二连三的挫折和失败中，在持续不断的攻击和诽谤声中，虽也有气馁沮丧，灰心消沉，但很快就会振作起来，不屈不挠，坚定追求生活的意志。他说，在《英国史》最初失败时，"我不得不承认，我终于气馁了。

要不是当时发生了英法战争，我一定隐居到法国某个外省的城镇，更名改姓，再不回到我的祖国。不过这个打算并不合乎实际，而且以后的著作也大有长进，所以我又鼓起勇气，励精图治。"（休谟以顽强的自制力，重振精神，继续从事《英国史》的写作。他把尚未出版的第六卷，即从查理一世之死至1688年革命这一时期的历史，做了一些改动，在宗教问题上也更为谨慎一些，对"光荣革命"和现行制度也多有赞扬。但是，休谟在研究和著述中始终保持自己的独立性，"对一般愚人的印象处之泰然"，不为舆论和权势所左右。他说："虽然经验告诉我，辉格党拥有在政治和文学方面赏赐一切位置的权力，但我仍然不愿意屈服于他们那种毫无意义的喧嚷。由于进一步的研究、阅读和思考使我在前两个斯图亚特王朝方面做了近百处改动，但所有的改动都偏向托列党一方。把那个时代以前的英国宪法看作是一个拥护自由的正式方案，乃是十分荒唐可笑的。"这一卷于1756年出版，受到广泛的欢迎，同时也使先前出版的那一卷引起人们的重视。休谟坚持不懈，继续写作，直到1761年11月，即他五十岁的时候，六卷《英国史》全部出齐。对于这部出现在启蒙时代的最重要的历史著作，法国启蒙运动的领袖伏尔泰评论说：

"对于这部《历史》的声望来说，任何补充都是多余的，或许这是各种语言中最好的作品。……休谟先生在他的《历史》中既不是议会党人，也不是保皇党人，既不是圣公会教徒，也不是长老会教徒——他仅仅是一个审判官。……长久以来，党争的狂澜使英格兰既失掉了好的政府，也失掉了好的历史学家。一个托利党人写的东西会受到辉将党人的否定，同样，辉格党人的作品则被托利党人说成是谎言。似乎只有拉宾·索拉斯（Rapin Thoiras），一位外国人，写过一部不带成见的历史，然而，在索拉斯叙述的真理中仍然带有偏见的污痕。反之，在这位新历史学家那里，我们发现了一颗不为他的题材所惑的卓越的头脑；他无情地揭露时弊和痼疾，就像医生宣布流行病一样。"

《英国史》这部宏伟的巨著，不仅使休谟以杰出的历史学家的身份在文坛上获得了稳固的荣誉，而且也给他带来相当可观的版税收入，使他成为一位很富有的文人。事实上，休谟是英国第一位只靠文字作品而赢得大笔财富的文人。他没有一本书题献给某位保护人，也从未寻求过任何资助，他仅仅是通过书商们而得到财富。1762年，他在爱丁堡旧城詹姆士宫附近购置了房产，打算在那里永久定居：

　　"虽然我的著作遭了这样的狂风暴雨，但它们仍然进行得很顺利，因而书商付给我的版税竟然大大超过以往任何的版税。我不仅成为经济独立的，而且是富有的。于是我退居到苏格兰的故乡，决意不再离开那里，并且维持那种不曾拜谒过一个权贵，甚至也不曾邀好于他们任何人的自得其乐的生活。现在我已年过半百，所以打算在这种哲学生涯中度过余生。"

5. 巴黎之旅

休谟在爱丁堡的府第成了许多学者名流经常出入的场所。他们讨论文学和艺术、宗教和哲学、政治和经济，在这里推动苏格兰的启蒙运动，领导着不列颠思想界的新潮流。我们的哲学家早已辞去图书馆的职务，打算只凭借自己的名望和财富，在这种哲学生涯中度过余生。

但是，和他在人生旅途中多次遇到的情况一样，他的这个打算也没有能实现。相反，一个偶然的机缘，使他从哲学的生涯中跳到了外交舞台，经历了一段最热闹、最富有色彩的生活。他在《自传》中写道：

"1763 年，我接到素昧平生的赫尔福特勋爵的 邀请，让我陪同他去巴黎出任大使，并且允诺我不久即可被任命为使馆秘书，而在同时，我实际上执行的也是秘书的职责。这个建议虽然很吸引人，但起初我却辞谢了。因为我不愿意与权贵们打交道，也恐怕巴黎的礼仪和繁华都丽不适合我这样年纪和性格的人。不过，这位勋爵再次敦请，盛情难却，我就欣然接受了。无论是就愉快还是就利益来说，我与这位贵族相处，以及后来与他的兄弟康韦将军相处，都是十分幸福的。"

赫特福德勋爵 (Francis Sevmour Conway, Lord Hertford) 是英国宫廷中一位很有地位并颇受敬重的贵族，他性情温和，信仰虔诚，虽出身豪门，但并不奢华。休谟第一次见到他时，便断定他是"英国宫廷中最和蔼可亲的人。"1763 年，正值"七年战争"刚刚结束，英王派赫特福德勋爵担当出使法国的重任，并为他指定一位年轻人做使馆秘书。但赫特福德勋爵对此人选不甚满意，经休谟一些在伦敦很有影响的朋友推荐，勋爵决定邀请休谟做他的秘书。在此之前他们并无任何来往，但休谟的大名想必他一定久闻。不过也很难设想，他这样一位虔信的贵族为什么会选中休谟这位大怀疑主义者。然而不论如何，在此后的相处中，不仅他们二人结下了深厚的友谊，而且休谟在法国的声望对勋爵执行外交使命也大有帮助。

休谟最后决定接受赫特福德勋爵的邀请共赴巴黎，也不仅仅是因为勋爵的一片盛情，虽然我们知道，休谟是很尊重别人的情谊并易受其感染的。实际上，很久以来，法兰西就一直在召唤着这位伟大的哲学家。当时，法国正处在轰轰烈烈的启蒙运动的高潮之中。十八世纪是整个欧洲的启蒙世纪，而巴黎则是全欧启蒙运动的中心。启蒙运动是一场波澜壮阔的新思想文化运动，是一场现代文明与封建蒙昧主义的大决战，也是人类文明发展大道上一段最光辉的里程。在整个法国知识界，在科学、艺术、文学、哲学等各个领域，到处都沸腾着新思想的潮流，到处都进行着史无前例的伟大变革。传统观念、习惯势力、封建专制和蒙昧主义都要在理性的法庭面前受到审判。当法国的自由思想家们进行这场伟大的斗争时，他们在海峡彼岸，在苏格兰大哲学家的著作中，发现了一位强有力的同盟者。他的著作在巴黎被竞相传阅，特别是他有关批判宗教的著作，更在那里引起巨大的激动。他的思想被传播，他的人格被赞美，在巴黎人眼里，休谟是一位无与伦比的英雄，是"世界上最伟大的天才"。早在 14 年前，孟德斯鸠使

曾邀请休谟，希望他到巴黎来，共赴这场理性与蒙昧、光明与黑暗的大决战，此后这种呼声则越来越高。休谟本人也早已有心此行，且一直对法兰西怀着美好的感情，只是没得合适的机会。

休谟巴黎的崇拜者不仅有著名的文人学者，而且还有许多皇亲贵族、达官贵妇。其中最著名的人物之一便是在休谟晚年生活中成为一个重要角色的布弗莱·鲁韦尔伯爵夫人（Comtesse de Boufflers-Rouverel，1724—1802 年）。布弗莱夫人是当时巴黎上流社会最活跃、最有地位的贵妇人之一，她家的沙龙是巴黎所有的显贵、名流、学者经常去的地方。她不但年轻美貌，而且聪明好学，休谟的《英国史》出版不久，她便悉心阅读，并对休谟的才华和思想极为钦佩。1761 年 3 月，她给休谟写了一封热情洋溢的信，向他遥致敬意。在信中，伯爵夫人对《英国史》一书大加赞赏，说它通过揭示幸福与美德的一致性而照亮人的心灵。她说，她无法用语言表达读到这本书时的心情，"对您卓越的著作的钦佩使我激动，对您的人格、才能和美德的尊重使我受到鼓舞，屡次引起我给您写信的愿望，因此我可以表白说，这种感情一直深深地袭扰着我的心。"（她还表示，如果休谟有意来法国，她会尽全力相助，为他的快乐愉悦提供一切。休谟以愉快的心情很快给她写了回信，从此开始了两人频繁的书信来往。为了见到休谟，伯爵夫人曾专程赶往伦敦，但因休谟在爱丁堡而未如愿。不过，伯爵夫人的深情厚谊自然使休谟激动不已。也许这也是促使他接受赫特福德勋爵的邀请，出使巴黎的因素之一。

1763 年 10 月，休谟陪同赫特福德勋爵启程赴任。他们一到巴黎，便受到空前的热烈欢迎。显爵贵妇一个个兴奋不已，纷纷向这位誉满全城的哲学家欢呼致意，以与他结识为一时之荣。法国

国王立即召见了他们，国王全家也都十分快活，孩子们逐个向休谟鞠躬致敬，表达他们的爱慕和景仰之情。相形之下，作为英国政府代表的赫特福德勋爵倒显得有些黯然失色。休谟在抵达巴黎后不几天便给亚当·斯密写了一封信，描述了突然经历的离奇变化给他带来的最初感受：他的前半生在爱丁堡的市民当中是被攻击、指责和迫害的对象，现在则成了法国宫廷和权贵们无比崇拜的偶像。他说："特别是在最近几天，我在枫丹白露遭受了（这个措词并非不恰当）任何人在同样时间里所能受到的最多的奉承。但这是我一生中仅有的几天，只要我健康状况良好，就再也不愿意受这样的奉承。"（几个星期后，他在另一封信中又说；"在这里我吃神仙吃的食品，喝神仙喝的酒，只闻芳香，脚踩鲜花。我会见的任何人，特别是所有的太太、小姐都认为，如果不就我的名声对我说一番冗长的独出心裁的话，他们似乎就没有尽到不可或缺的义务。"的确，休谟在巴黎获得了一个哲学家所能得到的最高荣誉。在当时的巴黎，哲学家便是国王，而休谟则是哲学家中的国王，宫廷里的达官显贵或沙龙中的文人骚客都在地面前匍匐跪拜，执臣下之礼，休谟则像神那样周旋其间。后来他在《自传》中这样写道：

"没见过风尚的奇特威力的人，决不会想象我在巴黎受到各阶层和各种社会地位的男女给予的款待。我愈回避他们过度的谦恭礼仪，他们愈对我表示谦恭礼仪。不过住在巴黎也能得到一种真正的满足，因为这个城市有大批聪明、博学而温文尔雅的文人学士，胜过世界上其他任何地方。"

在巴黎期间，休谟出入最频繁的和他最受欢迎的地方是上流社会中十分活跃的各种"沙龙"。"沙龙"一词是法文"salon"的音译，本意是"客厅"、"会客室"。1737年，巴黎卢浮宫的方形沙龙中举办了一次美术展览会，这种展览会每两年举行一次，"沙龙"由此得名。在启蒙运动时期，上流社会的一些名人或贵族陆续开放自己的沙龙，邀请各种各样的名人雅士，如心怀不满的贵族、富商阔贾、官僚士绅、名媛贵妇，以及文学家、艺术家、科学家、哲学家等学者文人，进行内容相当广泛的，包括政治、哲学，宗教、科学、文学和艺术等诸方面问题的讨论和对话。由于参加的人员十分庞杂，政治立场和哲学、艺术观点也不尽相同，所以对讨论的问题往往意见不一，甚至发生尖锐的对立和激烈的争吵，但这里又是相当宽容的，人人都有渴望知识和学问的优雅谦逊的风度，人人都接受艺术、理智和社会平等。实际上，这些沙龙是思想自由的王国之一，是法国的政治生活、文学生活和上流社会交际生活的缩影。它们比休谟在爱丁堡参加的社团更有贵族情调，也更平民化。当时既没有政党，也没有政治的、文学的或艺术的俱乐部，在一定意义上说，这些沙龙就是一些俱乐部。它们是巴黎、法国乃至全欧洲的精神生活中心，在这里的谈话不仅对当时的政治和文化产生着十分重大的影响，而且更重要的意义在于，在这里为法国的资产阶级和整个第三等级酝酿了革命的世界观，制定了行动的纲领。

这些沙龙通常都是由某一位妇女主持。她不仅需要有很高的社会地位，而且还要具备深刻的理解力、献身的热情和对启蒙运动的关切和同情。休谟到巴黎后造访的第一个沙龙是若弗兰夫人

(Marie—Therese Rodet Geoffrin) 家的沙龙。若弗兰夫人被人戏称为百科全书派诸兄弟的"大婶"。她阔绰有余，足以为文学和艺术界人士提供一个聚会的场所。实际上她本人既没有文学和艺术方面的修养，更谈不上哲学和政治上的造诣，可是她却能在客人中应付自如，并赢得受人尊重的那些人的敬意。休谟与若弗兰夫人相处的十分友好，1765 年，当他的《英国史》的新法文译本出版后，曾亲自赠书给这位女主人。

休谟常为座上宾的另一个沙龙是由达朗贝 (Jean Le Rond d Alemdert, 1717—1783 年) 的女友勒斯皮纳斯小姐 (June de Lespinasse) 主持的。这个沙龙以有形形色色的客人和贵妇人出席独具一格。勒斯皮纳斯小姐是一位多才多艺的女性，她不仅对文学、哲学和科学都有广泛的兴趣，而且能熟练地说英语、意大利语和西班牙语，休谟说她是巴黎最通情达理的妇女之一。勒斯皮纳斯小姐曾长期负责经营德方夫人 (Madame du Deffand) 的著名沙龙，1764 年，因未经许可擅自接待达朗贝和杜尔阁 (Anne Robert Jacques Turgot, 1727—1781 年) 等人而被解雇。她在达朗贝的积极协助下按照更好的原则举办了自己的竞争性沙龙。在她的沙龙里聚集着大使、公爵夫人、陆军元帅和金融家，许多著名学者也常在那里露面。休谟在巴黎期间，时常出入这个沙龙，并和女主人以及达朗贝结下了深厚的友谊。许多年后，当休谟临去世时，曾赠给达朗贝一笔二百英镑的遗产。

在巴黎期间，休谟不仅与达朗贝，而且与许多著名的学者，特别是百科全书源的哲学家们，如狄德罗 (Dents Diderot, 1713—1784)、爱尔维修 (Claude Adrien Helvetius, 1715—1771 年)、霍尔巴赫 (Paul Heinrich Dietrich d'Hlbach, 1723—1789 年) 等人建

立了深厚的友谊。当时休谟在书信中非常推崇这些杰出人物，他说："这里的文人确实是非常可亲可敬的；他们都是久经世故的人；在生活上他们协调和谐，在道德上亦无可指责……"（法国的哲学家们对休谟也十分敬重，把他称作"Le bon David"（好大卫）。在休谟来巴黎之前，霍尔巴赫就曾给他写信，表达要"结识这位历史上最伟大的哲学家、人类最亲密的朋友的强烈愿望。"1766年，休谟回国后不久，霍尔巴赫又写信说："我必须承认，我为被一位伟大人物所记惦着而自豪，至少我知道他的友谊的应有价值。"（狄德罗也曾写信给休谟，表达热烈的热爱和敬重之情。爱尔维修、达朗贝等人则多次建议休谟在法国期间写一部《基督教会史》，深入地批判神学，认为由他来写最合适，也会是最有价值的。至于启蒙运动的领导人物伏尔泰，因为他不在巴黎，所以未曾与休谟见面，但他在给朋友们的信中多次提到休谟，称他为"我的圣大卫"，说他"是一个公正的人"，有一颗"卓越的心灵。"

　　休谟经常参加哲学家们的聚会。霍尔巴赫每周或隔周在府邸举行宴会，这也是当时颇有影响的一个沙龙，人称定期召开的哲学三级会议。在这里，人们进行比较严肃的哲学讨论，话题很广泛，并常提出一些最大胆的学说，常谈论触犯神灵的事情。实际上，讨论最多的课题也就是关于宗教、迷信及其社会恶果的问题。休谟第一次坐上霍尔巴赫的餐桌，就对宗教问题展开了一场争论。狄德罗向休谟表示，他不赞成当时英国流行的自然宗教，而主张把它们引向无神论。休谟冒昧地说，他以前从没有见过一个无神论者，也不相信会有那样的人。霍尔巴赫说："您过去有点不走运。现在您正第一次同十七个无神论者一起进餐。"当然，这样的分歧和争论并没有引起误解和不快，而是加深了相知和友谊。法国哲学家们公开的战斗无神论使休谟更坚定了批评宗教的态度，促进他晚年修改和急于安排出版《自然宗教对话录》。

休谟很珍视他与法国启蒙思想家们的友谊。他在一封信中曾说：

"我在这儿这么受欢迎，有这么大的吸引力，开始时真觉得有些吃不消。不过现在已经习惯多了，我也逐渐习惯于说法语。我和许多人建立了深厚的友谊，这种友谊是那些愚蠢的、虚情假意的恭维吹捧所无法相比的。我们的关系十分融洽，他们开始善意地开玩笑，说我的笑话……我已经觉得很习惯了。我也许要在这儿长久居住下来，不愿意回到伦敦那种党争、逐利和令人窒息的生活。我要住在我喜欢的地方，而我觉得这是世界上最美好的地方……"

但是，休谟的巴黎之行也有不愉快的事，这就是他与卢梭的著名争吵。卢梭（Jean-Jacques Rousseau, 1712—1778 年）也是启蒙运动中的一名重要人物，早先与狄德罗等人交往甚密，并曾为狄德罗主编的《百科全书》撰稿。但因他屡遭迫害，性情好疑乖戾，结果与百科全书派也发生了决裂早在 1762 年，布弗莱夫人就曾劝卢梭到英国去，并写信给休谟，请他提供方便。但因当时卢梭已去了瑞士，而且对英国素无好感，结果并未成行。但正是这时开始，休谟与卢梭开始了书信联系。休谟很欣赏卢梭的才智，对他的著作多有赞誉，而卢梭也很钦佩休谟的为人和天才，说他

是他所知的"唯一一位真正的哲学家和以持平精神从事写作的历史学家。"1765年，卢梭被瑞士政府驱逐出境，性情宽厚仁爱的休谟建议他在英国寻觅住处，并表示愿意运用自己的一切影响，使他的生活舒适愉快。走投无路的卢梭当即接受了这一建议。1766年1月，休谟结束了在英国驻巴黎使馆的任职，和卢梭一起回到英国。

休谟回国后，立即为卢梭的事奔走。最初，休谟在奇齐克地区（Chiswick）给卢梭找到了住处，但这位任性的哲学家不愿住在奇齐克，因为那里离城太近。于是休谟又在德比郡（Derby）的皮克（Peak）给他租了一所绅士的房子，卢梭又说如果房东不同意供应膳食购也不愿去住。休谟劝说房东满足了这个怪要求，因此卢梭前往德比郡皮克地区的伍顿（Wootton），称心如意地在那里定居。接着，休谟又为他从国王处取得每年一百镑的年金。卢梭说如果不保守秘密地就不想碰这笔钱。国王同意保守秘密。但是卢梭又说如果不将此事公布他就不领取。国王再次同意满足他这种反复无常的要求。然而，休谟为卢梭干得越多，卢梭越是怀疑他的动机是否真诚。起先常常用荒唐可笑的指责攻击他，接着又拥抱他，为总是怀疑他请求宽恕。但最后，当休谟在一封短信中告诉卢梭，国王已取消保守秘密的条件，接受年金的一切障碍都已随之排除时，卢梭终于完全听任缠在身上的恶魔摆布，在6月23日写了一封著名的回信，宣称休谟的可怕意图最后暴露了，"你把我带到英国，表面上是为我寻找一个避难所，而实际上却是想让我丢脸。"

卢梭的反复无常使一向性情温和的休谟大为恼火，感到他的一片好心受到了一个卑鄙小人的嘲弄。休谟写信给当时居留巴黎

的亚当·斯密，并委托他将事实真相告诉他们的巴黎朋友。此后不久，休谟将关于自己同卢梭关系的完整说明，连同他们之间的一切信件（从第一封到最后一封）寄给了达朗贝，并表示他可以尽情利用。休谟在巴黎的朋友们对这场争吵产生了极大的兴趣，理所当然地完全站在休谟一边，并把休谟寄来的材料公布于世。一时间。关于这个争吵的报道充斥于英国和欧洲大陆报纸的各个栏目，成了知识界里的人们交谈和讨论的热门话题。

6. 夕阳无限好

不过，除了卢梭这件事外，休谟回国后的生活还是很不错的。他在伦敦住了两年多，出入王宫和上流社会，广泛接触各界人士，并应赫特福德勋爵的兄弟康威将军（Henry Seymour Conway，1721—1795）的邀请，担任了将近一年的副国务大臣。但此时他已对政治生活感到厌倦，也无意谋取高官显爵，只想在哲学的港湾中过平静的生活。于是，在 1769 年夏天，他结束了自己的社会生活，由伦敦回到他的出生地爱丁堡，在那里度过了他一生的最后岁月。他说：

> "我回到爱丁堡，很富裕、……健壮，而且虽然年
> 迈，还希望久享清福，并看着我的名声日起。"

他这几年的生活过得相当舒适愉快，是他自己觉得最满意的几年。他作为一个文人、一个哲学家，已经完成了他的全部作品，这些作品给他带来了崇高的荣誉，使他受到人们的普遍尊敬和爱

戴。虽然在国内，还不时出现保守势力的诽谤和攻击，但在全欧洲，他已被公认为启蒙时代当之无愧的代言人。同时，他也是很富有的，除了著作的版税和担任公职时的收入外，他还从政府得到每年一千英镑的年金。他在爱丁堡的新城区为自己建造了一所新的宅邸，用他自己的话说，"这是人生的第二个大事业"。按照他的看法，"第一个大事业是娶一个妻子，我希望这能及早实现。"但是，对于一位年逾花甲的老人来说，结婚的想法已经是不实际的了。他住在这所新建的宅邸里，度过宁静、幸福、受人尊敬的晚年。人们为了表达对休谟的敬意，把他的住宅所在的那条大街改称为"圣大卫大街"（St. David Street），这个命名不久就得到官方的批准。

在"圣大卫大街"的府邸，休谟继续读书和研究，修订已出版的著作，接待各方面的朋友，像往常一样热烈地讨论哲学问题。在当时来访的朋友中有一位著名的美国人，这就是杰出的科学家和哲学家、美国驻法大使本杰明·富兰克林（Benjamin Franklin，1706—1790 年）。其时，美国问题，即北美英属殖民地争取独立的问题，是人们普遍关注的大问题，而休谟是分离论者，支持美国的独立要求，因为他认为从事物发展的普遍规律来看，分离或迟或早是不可避免的，正如果实离开树木，孩子离开父母一样。后来，当美国独立战争爆发时，有人请休谟发表评论，他回答说："我是一个美国人，我坚信美国的命运。"

我们的哲学家在他的故乡、在他的府邸里续续编织着他的哲学之梦，享受着他生命的晚秋时节的温暖、宁静的时光。但是，死神的魔爪已悄悄向他伸来。1772 年，休谟的身体开始显出虚弱的迹象，此后的三年中，日益不佳的健康状况便一直困扰着他。

1775 年初，休谟患了肠胃病，此后体质急速恶化，一年内体重就减了 70 磅。但是休谟处之泰然，以十分平静的心情面对死亡的迫近。1776 年 4 月 18 日，他动手写了我们上面多次引证过的那篇著名的《自传》（My Own Life），或他自己戏称的"葬礼演说"，简略地回顾了自己坎坷的一生，以平静的笔调总结了自己的失败和成功，然后写道：

> "现在我料想离死不远了。我倒没有因为疾病而受什么痛苦，更奇怪的是，虽然身体非常衰弱，但我的精神一直没有消沉。因此，假如我要指出一生中哪个时期愿意重过一次，我一定会挑出这后一个时期。我仍然像以往那样热烈地研读。快活地谈笑。而且我想，一个 65 岁的人，即使死去，也只不过是截去几年疾患中的时日。虽然我看到许多预兆，我的文名终究会显耀起来，但我知道我没有几年来享受它。此时我对人生已毫无牵挂。"

休谟的一些朋友劝他到伦敦或乡下去，换一换环境，或许对他恢复健康有益。起初休谟不打算离开爱丁堡，但后来为了请约翰·普林格尔爵士（sir John Prinsle）治病，终于在 4 月间前往伦敦。当他在途中的莫佩思（Morpeth）一家旅馆休息时，他的仆人科林（Colin Ross）在门口看到坐公共马车赶来的亚当·斯密和约翰·霍姆。原来，他们一直为休谟的健康状况担忧，见休谟不打算来伦敦，便立即出发前往爱丁堡，没想到在莫佩思不期而遇。于是，斯密回故乡去探望生病的老母，霍姆则陪同休谟返回伦敦。

在莫佩思，休谟和斯密抽空讨论了休谟死后他未发表的部分

著作的出版问题。休谟在 1776 年 1 月 4 日已经立了遗嘱，指定斯密为遗稿管理人，把《自然宗教对话录》以外的所有遗稿全权委托给斯密处理。休谟明确希望斯密出版《自然宗教对话录》这本书。我们知道，此书多年前就已写成，只是一些朋友说它肯定会招致猛烈的攻击，才一直拖着未出版。但是作者对自己的著作抱有一种特别的慈父般的自豪感，现在重病缠身，眼看它会被世人遗忘，终于下决心要让它免于这一厄运，而不管是否会招致攻击。如果能活下去，便由自己出版；死了的话，则由遗嘱执行人出版。但是斯密对承担这个责任顾虑重重，担心出版此书会招致人们的攻击，影响自己的前程。他向休谟说明了自己的想法。起初休谟同意斯密的意见，但不久就改变了主意。为了确保《自然宗教对话录》最终一定出版，他写信给伦敦的出版家斯特拉恩（William strahan，1715—1785 年），问他是否愿意做遗稿管理人帮助他编辑出版该书。他在信中说："我的一些朋友对我赞誉说，这是我写过的最好的作品。迄今我未出版该书，是因为我最近想安安静静地生活，远远避开那吵吵嚷嚷的反对声。因为，与我以前出版的几种著作相比，这本书虽然并不会受到更多的反对，但如你所知，它毕竟还是会受到责难的，所以仔细想起来，没有出版它也许倒是对的。我在这本书中塑造了一个遭到严厉驳斥、最后放弃了自己观点的怀疑论者。而且他承认，他只是以罗列吹毛求疵的小道理为乐。但是，在他被驳倒之前，他提出了几个问题，对于那些问题，人们肯定会感到不快，认为是出格的、放肆而无礼的问题。……如果你当前的处境不妨碍你编辑出版此书的话，我想把全部版权交给你。……我想你对出版这本《对话录》一定不舍有丝毫顾虑。"斯特拉恩立即表示同意承担这一责任。于是，休谟对遗嘱作了修改，指定斯特拉恩为自己的全部遗稿的管理人及全权所有者，并补充说，"如果在我死后的两年半内，《对话录》因某种原因未能出版，……所有权则归我的侄子大卫，他的责任，把它们按照他叔父的最后要求出版，必定会受到全世界的赞许。"

休谟的伦敦之行并没有使身体得以恢复，反而使病情急剧恶化，他回到爱丁堡"圣大卫大街"的府邸，安详地等待着自己大限的来临。7月4日，也就是在他踏上死亡之途前不久，休谟邀请一些比较好的朋友，共进了一次告别晚宴。他的朋友们陆续来到这里，看望我们的老哲学家，向他致以最后的敬意。休谟虽病卧在床，身体极度衰弱，但仍然十分乐观快活，谈笑自若，兴致勃勃地与客人们交谈。一天，亚当·斯密来到休谟的房间，看到休谟的精神很好，便产生了一丝希望，以为他的朋友还能恢复。老哲学家安详地对他说："你的希望是毫无根据的。连续一年多腹泻不止，恐怕对谁来说都是很坏的，而在我这个年纪，它是会置人死地的。我晚上躺下时，觉得自己比早晨起床时更虚弱一些；我早晨起床时，觉得比晚上躺下时更弱。而且，我明显地感觉到，我的生命中枢已受到侵袭，所以我的日子已是屈指可教了。"

斯密说："既然必定如此，那么你至少是满意地离开朋友们和你哥哥一家的吧。"

休谟回答说，当然，这是显而易见的。几天前他读了琉善（Lucian，120－180？年）的《死神对话录》（Dialosues of the Dead），他发现书中向查龙（Charon）提出的延缓上船的各种理由没有一条适合他：他没有正在建造中的房舍，没有需要赡养的女儿，也没有要与之报仇的敌人。他说，"我想不出有什么可向查

龙提出的理由，以在生命的岸边多待一些时日。我打算做的事都已经有了结果，我不能期望有什么时候会比现在离开我的亲属和朋友更好的情境了：因此我完全有理由死而无憾。"

接着休谟风趣地虚构了几个要向查龙提出来的理由，设想了可能很符合查龙的性格的十分粗暴的回答。他说："我想可以对他说，'好心的查龙，我现在正在校改我的著作，预备出新版本，可以给我一些时间吗？待新版本出版之后，让我看到公众承认我改进的结果。'但是查龙会说，'当你看见对新版本的结果时，你又会作出别的修改，这样的借口就没有终止的时候了；可敬的朋友，请上船来。'但是我还可以提出，'耐心点，好心的查龙，我一直致力于打开公众的眼睛，如果我再活几年，便可以满意地看到流行的迷信体系的垮台。'但是查龙肯定会悻然大怒，'你这个无赖，你说的那些是几百年也不会发生的，你以为我会准许你拖延那么长的时日吗，现在就给上船来，你这个懒汉，混日子的家伙。'"

1776 年 8 月 25 日，大卫·休谟最后合上了双眼，与他生活了65 年的人世长辞。他的遗体安葬在卡尔通·克拉格兹（Calton Crags）的新墓地。根据休谟的遗嘱，由著名的建筑师罗伯特·亚当（Robert Adam，1728—1792）在墓地上设计建造了一座大圆塔。举行葬礼那天，人们纷纷赶来观看这位大哲学家的人生戏剧的最后一幕。人群中有一个人说："啊！他是一个无神论者。"旁边的人对他说："这没关系，他是一个可敬的人。"

的确，大卫·休谟是一位可敬的人。1777 年休谟的《自传》出版之初，亚当·斯密在给出版家斯特拉恩的信中写道：

"这就是我们的最卓越的、永远不会被忘怀的朋友，对于他的哲学观点，人们无疑会有不同的判断；每个人各以其碰巧相同或不相同的意见，而有赞成或者指责它们的差别；但对于他的人格和行为，很少能有分歧的意见。实际上，他的性情可能比我所知道的任何人都更平和安宁，如果我可以这样说的话。当他收入最少的时候，必须节省又最节省，但也不妨碍他在适当的情况下作出慈善而慷慨的行为。他的节俭，并不是为了爱财，而是为了独立。他极端温和的本性，绝不削弱地坚定的精神和稳重的决心。他那时常的幽默调侃是他美好的天性和情绪的真实的流溢，这种调侃中掺和着机智和谦逊，而没有半点恶意的迹象，它绝不是他戏弄人的手段，反之，它对人毫无伤害，甚至那些被取笑调侃的人也不曾有懊恼和不快。对于他的朋友，他们时常是被取笑的对象，他更随和地与之交往，并奉献出他那博大和亲切的品质。这种快乐的性情，如社会上公认的，常常会给人带来轻浮和浅薄的印象，但在他那里却伴随着严谨的热忱、最广泛的学问及深刻的思想，而且在各方面都是一个最渊博的气量。总之，我认为，他无论在生前还是在死后，总是在脆弱的人性所许可的范围内，接近于一个生智有德的人的理想。"

斯密上面说的最后一句话，是他有意地重复柏拉图（Plato，公元前 427—347 年）的《斐多篇》（Phaedo）结尾的那句著名的评断，意在把休谟与苏格拉底相比拟。确实，休谟和古代世界那

位最伟大的哲学家一样，具有无与伦比的美德和高贵的品质。他坚毅而宽厚，快乐而不流于轻浮，富于理智而又感情热忱，他具有积极的乐观精神，以永不休止的努力，度过了能胜过任何正直的人的、真正富于人性的一生。休谟不仅是一位杰出的哲学家，而且是一位真正伟大的人。

休谟在《自传》中最后一段这样写道：

"现在回顾一下我的性格就结束此文吧。——我的为人，或者毋宁说，我从前的为人（因为我现在说到自己时，用这种过去的说法，会使我鼓起勇气说出自己的看法），性情温和而能自制，坦率、喜好交际而心情愉快，平易近人并且不易发生仇恨，在一切感情中都十分适中。虽然我爱文学上的名望，但尽管我几度遭受挫折，这种主导的感情却从未使我不快。青年人、不自检束的人和文人学子都乐于与我相处。我与端庄的妇女相处觉得特别愉快，我从她们那里受到的款待没有什么不满意地方。总之，虽然许多人在别的方面贤达卓越，可往往会因受到诽谤而不悦，而我则从未被诽谤的毒齿伤害。我虽置身于各政党和教派的狂怒之下，但我对他们的愤怒泰然处之，他们反而似乎失掉了武器。我的朋友们从未有给我的品格和行为作为辩护的机会。我们完全可以料想到，宗教狂们不是不愿意捏造和传播损害我名誉的故事，但他们决不能找出令人信服的事实来。我不能说自己的这个葬礼演说中没有任何虚荣心，不过我希望这种虚荣心并没有错置，而这是一件容易搞清和查明的事实。"

这就是启蒙时代最卓越的哲学家、"苏格兰的圣大卫"——
大卫·休谟的自画像。

还是让我们来看一看他的哲学吧。

二、人的哲学和人性的科学

1. 人的哲学的历史发展

大卫·休谟是一位具有自觉的历史使命感和社会责任感的哲学家。虽然他过着一种纯粹文人的生活，一生的大部分都消耗在文墨生涯中，但他始终关心着人类的命运和幸福，致力于建立一种肯定人的价值、提高人的尊严的人的哲学和人性的科学。他说：

"你可以尽量爱好科学，但是你必须让你的科学成为
人的科学，必须使它对于行为和社会有直接关系。"

大卫·休谟的哲学就是关于人的哲学，人的问题是他进行哲学思考和探索的主题。

实际上，人的问题亦是一种永恒的哲学问题。因为哲学知识的特点不仅在于理解世界本身，而且在于理解"人—世界"的关系。对哲学来说，人的问题始终是核心的、决定性的问题。同时，由于人类的生活条件、生活内容和人本身都是经常变化着的，所以这个问题又是常新的。只要生活在前进，思想在运转，人的问

题就不可避免地提到人们面前，迫切地要求予以回答。特别是在社会生活发生剧烈变革，要求最大限度地调动人的全部力量的历史时期，这个问题会显得尤其尖锐和突出。

哲学史上对于人的问题的提法和解决提出了许许多多的方案。从古代开始，对人及人的本性和本质的理解，像一个焦点集中了各种各样的哲学流派，它们都企图按照自己的想法来理解人及其人在世界的地位、使命。

在古希腊罗马哲学中，人被看做和理解为某些具有普遍意义的客观秩序的组成部分，人与其周围的整个存在是统一的。希腊早期的哲学家们大都是从自然的角度来看待人的特点，主张人服从于自然物质关系的普遍决定论，社会伦理道德亦被看成人群集聚的自然组织所必须遵循的一些共同规范。到了公元前五世纪，也就是希腊城邦的内部极盛的时代，苏格拉底实现了哲学上的一次重大改变，使哲学由关于存在的终极原理的抽象学说，成为一门论述生活哲理的特殊科学。苏格拉底特别强调刻在德尔菲神庙墙上的那句古老的格言"认识你自己"的意义，认为哲学就是对人的自我的认识，不仅认识现实的人的局限，同时也认识自己的神圣本质。哲学并非远在天边，而是在你的身边，在你的心中，"哲学是人的思想的本性"。

通常认为苏格拉底是第一个人的哲学的创造者，因为他把哲学从天上召回到人间，教导人们思考生活和道德、善良与邪恶。这种人本主义意义上的人的哲学，在柏拉图、亚里士多德的庞大体系中以及后来的希腊化时代话学派的学说中得到进一步的发挥和发展。柏拉图认为可能存在一个理想的实在——理念世界，而人的最高使命，就是把自己还给理念世界。人应当遵照人的理念

来造就和完善自己。柏拉图的理念论体现了古希腊罗马哲学的基本观念，即客观上具有普遍重要意义的东西在人类生活中占主要地位，个体的人要服从普遍性的原则。但从本质上来说，古希腊罗马哲学是以人为出发点和对象的、注重人的利益和进步的人的哲学。它热情地赞扬人的理性，赞扬人创造文化和法律、艺术作品以及在城邦里生活的才能，肯定人成为有美德者以及理解和分清善恶的能力，并把这些才能看做是决定人的特殊性的突出特点。

在这以后的中世纪哲学中，神的王国取代了人的王国。中世纪哲学只注意超验的、神的存在领域，只承认、论证和捍卫基督教会的原则，认为神是最完美的实在，是绝对的和决定一切的本原，它预先注定了世界和人的命运，而人只是上帝所安排的秩序的组成部分，是执行神的意志的盲目工具。人类活动的"自然法"，人的本性固有的自然欲望和生活的最终目的，便是爱上帝、追求洞见上帝的"最高幸福"。中世纪哲学的基本特征是贬抑人的理性，否定人的价值，扼杀人的自由，是反人的神道主义的信仰哲学。

到了近代，人重新成为哲学注意的中心。文艺复兴时期的哲学针对中世纪的神道主义和信仰主义，力求从现世实际生活条件、从人的根本来理解人，并把人的自由和尊严建立在尘世生活的基础上。它肯定人的尊严和伟大，肯定人能充分发挥其智慧、知识和力量，肯定个人的努力能揭露出宇宙的秘密，并为人类谋取福利。在这一时期的哲学中，人既表现为完整的、独立的、有灵有肉的个体，又表现为与宇宙的有机统一。在人的这种完整性的基础上，建立起一种新的伦理学观念和关于人全面发展、不断完善的学说。但是，文艺复兴时期的人文主义者大都重视感性和意志，对人的热情颂扬多于严肃的哲学思考，诗人的激情多于哲学家的论证。而 17 世纪的哲学则在近代科学的基础上，大大推进了人文主义的见解。

作为"科学时代的预言者"，弗兰西斯·培根提出了"科学的伟大复兴"的宏伟目标。培根把人类的知识分为三大类：一类是自然的知识，相应的科学是自然哲学；一类是上帝的知识，相应的是神学；第三类是对人类自身的知识，相应的科学是人类哲学。他认为，在人类哲学中，对人类个性的综合研究就是对人性的研究，而且应当成为一门独立的科学。他说："我觉得对人的本性的概括综合研究，应当是一门自身独立的知识。"按照培根的分类，人类哲学应包括研究人的身体的解剖学和生理学、研究人的灵魂的心理学、以认识真理为方向的逻辑学、关于向善的意志的伦理学以及把人作为社会一员来研究的政治学和公民哲学。虽然由于种种原因，培根并没有完全建立起这样一门独立的人的科学，但在哲学史上，他却预示着人的哲学发展的一个新的阶段，即把人作为概括性科学哲学知识的对象，使对人的问题的研究成为一门具有独立的理论形态的、与自然科学相并列的科学学科。在整个 17 世纪，这一直是许多哲学家们努力的目标。例如在霍布斯那里，人完全归属于科学哲学认识的领域，这种认识从人的各种表现来研究人，把人看作与其他动物并列的生物，并把人看作伦理学的、社会的生物。笛卡儿也赞成对人进行科学研究的原则，主张用当代科学的方法把人作为自然物体来研究。他们肯定了从人的各种不同表现对人进行具体研究的原则，认为只有用科学哲学的方法才能说明人的问题。休谟说："到了这些哲学家才开始把关于人的科学置于一个新的立足点上，引起了人们的注意和好奇心。"

不过，17 世纪哲学中的人的概念，还是以抽象的形而上学的形式表现出来的。而人的问题却具有直接的社会历史意义，是一种直接现实性的问题。真正建立起关于人的科学，必须与当代的社会生活建立起密切的联系，使其展露出具体的社会的和人的内容。这种具有直接现实感和深厚历史感的人的科学，是人类在走向自我认识和自我解放道路之前必须迈出的一步。而这正是十八世纪的哲学家们所面临的繁重的理论任务。

大卫·休谟是在那个时代里自觉地担负起这一任务的哲学家之一。

2. 人的哲学是一切科学的基础

我们已经知道，弗兰西斯·培根主张人性的知识应当独立成为一门科学，并把它作为他的科学复兴计划的组成部分之一。大卫·休谟扩展了培根的这个想法，不只是把人的科学作为一种知识，而且作为其他一切科学唯一稳固的基础。

为什么要把人的科学作为其他科学的基础呢·休谟认为，这是因为一切科学对于人性总是或多或少地有些关系，任何科学不论似乎与人性离得多远，它们总是会通过这样或那样的途径回到人性。例如数学、自然哲学和自然宗教，都在某种程度上依靠于人的科学。因为这些科学是在人类的认识范围之内，并且是根据他的能力和它能而被判断的。如果人们彻底认识了人类知性的范围和能力，能够说明我们所运用的观念的性质，以及我们在作推理时的心理作用的性质，那么我们就可以设想，我们在这些科学中将会作出多么大的变化和改进。至于那些和人性有更密切关系的

其他科学，更是依靠于有关人的知识。逻辑学的唯一目的在于解释人类推理能力的原理和作用以及人类观念的性质；道德学和批评学考察人类的鉴别力和情绪；政治学研究结合在社会里并且互相依存的人类。总之，一切科学都与人性问题有关，都依赖于关于人的科学。就如体漠所说，任何重要问题的解决关键，无不包括在关于人的科学中间；在我们没有熟悉这门科学之前，任何问题都不能得到解决。因此，他说："人类不仅是能够推理的存在者，而且是被我们所推理研究的对象之一。"而"在试图说明人性的原理的时候，我们实际上就是在提出一个建立在几乎是全新的基础上的完整的科学体系，而这个基础也正是一切科学唯一稳固的基础。"

在休谟看来，这种以人性为推理研究的对象，从而为一切科学奠定基础的工作便是哲学的任务。哲学就是研究人性的科学。哲学只有把人性本身作为研究对象，才能算是真正的哲学。休谟认为，哲学的目标在于从总体上把握人性。在我们的哲学研究中，我们可以希望借以获得成功的唯一途径，即是抛开我们一向所采用的那种可厌的迂回曲折的老方法，不再在边界上一会儿攻取一个城堡，一会儿占领一个村落，而是直搞这些科学的首都或心脏，即人性本身；一旦掌握了人性以后，我们在其他各方面就有希望轻而易举地取得胜利了。从这个岗位，我们可以扩展到征服那些和人生有较为密切关系的一切科学，然后就可以悠闲地去更为充分地发现那些纯粹是好奇心的对象。

休谟把哲学的研究对象归结为人性本身，认为哲学就是关于人性的科学，表现了一种新的哲学观，体现了西方哲学在研究方向上的一次转移。当然，我们知道，任何哲学都离不开人的限定

性，都与人的问题有密切的关系。但是，哲学在其发展的不同阶段上又有各自特殊的任务。古代哲学是以对象即客体的规定性为主要研究对象，以回答"世界是什么"为主要课题；近代哲学则是以研究主体的能力，以回答"我如何认识世界"为自己的根本任务。弗兰西斯·培根的哲学是这一转变的开始，在他那里以及在他之后的许多哲学家都致力于对人类理智的探讨，并作为其哲学体系的一个重要部分。休谟则沿着这个方向向前迈了一大步，他干脆把本体论方面的问题放在一边，把人性本身宣布为哲学的唯一对象，哲学即是人性的科学，只有人的哲学才是真正的哲学。他置其全力对人性问题的方方面面进行了深入的思考和研究，并在伦理学、美学、政治学、历史学以及宗教等学科的研究工作中，贯彻了分析人、认识人、理解人这一宗旨。

休谟的这种新的哲学观念也体现了他注重现实生活的那种十八世纪的哲人态度。18 世纪是西欧社会历史发生重大变革的时代，正是社会生活的急剧变革，使人的问题突出的尖锐起来。休谟一贯反对经院哲学和形而上学深奥虚去的推理方式，认为这种幽暗繁琐的哲学从来就是保障迷信并且掩护荒谬和错误的，它装出科学和智慧的模样，实际上是产生错误的根源。休谟说："我们还必须细心来培养一种真正的哲学，以求消灭虚妄假混的哲学。"哲学家不应远离人类的生活，对社会的利益无所贡献，而应该与社会建立起直接的联系。哲学的功用不在于满足哲学家们对立奥的推理的兴致，而是要为人生提供有益的指导。他说，一切优雅的文章不是别的，只是各种角度、各种方位下所见的人生的图画。真正的哲学应该进入日常生活中，育成人的心灵和情感，而且由于它论到鼓动人生的那些原动力，因而就改善了他们的行为，并且使他们比较接近于它所描写的美德的模型。他指出：

> "一个纯哲学家的为人，是不常受世人欢迎的，因为
> 人们都以为他不能对社会的利益或快乐有什么贡献；因
> 为他的生活同人类远隔了，而且他所沉醉于其中的各种
> 原则和观念也都是人们一样也不能了解的。在另一方面，
> 纯天知的人更是可鄙弃的。因为在科学繁荣的一个时代
> 和国家内，一个人如果对那些高尚的消遣品毫无嗜好，
> 那就的确表示出他的才气太狭窄了。人们假设最完美的
> 人格是介乎两个极端之间的；他对于书籍、社交和职业，
> 都能够有相等的才能和趣味；他在谈话中仍能保持正确
> 的哲学，自然给人养成那种忠实和精确。为广泛培植这
> 类完美的人格起见，最有效的工具莫过于文体流畅而宜
> 人的一种著作，这种著作，并不向人生要求太多，它们
> 也并无需深刻的钻研和埋头的苦攻，就能使人了解它们，
> 所以结果它们把它们的学生送到人群中时，就使他充满
> 了高贵的情趣和聪明的教条，可以来适应人生中任何事
> 变。借这些著作的力量，德性会成了和蔼的，科学会成
> 了可意的，社交会成了启发人的，独处会成了有趣味
> 的。"

休谟还特别强调哲学对社会生活的实际作用，他说：

> "一个哲学家的生活虽然会离开实际的事务，但是哲
> 学的天才如果被一些人谨慎地培养起来，则它会广布于

全社会，使各种艺术和行业都一样正确起来。政治家会
由此在分划权力和平衡权力时，有较大的先见和机敏；
法律家由此会在他的推论中得到较大的准确和较精细的
原则；司令们由此会在施行训练时较有规则，在计划和
实行时较为谨慎。"

　　和历史上许多大哲学家一样，休谟也致力于建造体系的工作。
休谟哲学的体系就是研究人性本身的关于人的科学的体系。他所
说的人性包括人"知性"（或"理智"，Understslldiflg）、"情感"
（Passions）和"道德"（Morals）。对这三个方面的研究便构成了他
的哲学体系的基本部分。其中对知性的研究是要分析和确定人的
认识的性质、范围和能力，以免追求那些超越经验、超越知性能
力限度的问题；对情感的研究是要分析人的情绪、情感和鉴赏能
力及其对人生的意义；道德学则在于阐述人类社会生活的伦理关
系和道德准则以及道德判断的标准。休谟认为，他的人性科学的
体系不同于以往的"各式各样的形而上学的推理"，是"建立在几
乎是全新的基础上的完整的科学体系。"

3. 方法的探求

　　对于建造思想体系的哲学家来说，方法和体系是同样重要的。
近代以来，哲学家们大都力图把对人的问题的研究、把自己的哲
学体系置于科学研究方法的基础上，对方法的探求是与近代自然
科学的发展密切联系着的。当时的自然科学主要是收集材料的科
学，为了认识自然界的各种运动形态及其规律性，首先要在实验
的基础上获得大量的感性经验，然后由感性经验逐步上升到一般

的结论。与这种情况相适应，实验的方法和数学的方法成为当时自然科学中所采用的主要方法。实验方法就是通过实验和观察，广泛收集材料，对它们进行分析、比较和归纳，从中发现普遍的自然规律。数学的方法就是在观察和实验的基础上，经过严密的数学计算，以精确的数量关系来概括和反映自然规律。哲学家们对自然科学中的这两种方法进行了片面的概括和总结，从而形成了强调感觉经验、推崇实验和观察方法的经验论和强调理性思维、推崇数学上所运用的演绎法的唯理论这样两种哲学倾向。

坚持经验论或难理论立场的这两派哲学家们分别把自己的方法论原则贯彻到对人的问题的研究领域。弗兰西斯·培根是近代经验论哲学的开创者，他认为"一切自然的知识都应当求知于感官"，任何科学的基础都是感觉经验，所谓产生新科学，亦只是说，按照规则从经验中收集来，把它重新建筑一番。培根要求严格按照经验方法考察事物，毫无先入之见地研究现实。他把他的经验归纳的认识方法不仅用于研究自然，而且用于研究人，研究人脑中产生的表象和意志活动，以及社会、政治方面的各种形态和现象。在培根之后，霍布斯、洛克等人继续发展了经验论理论，特别是洛克系统地表述了整个经验论哲学的基本思想，宣称："凡是在理性中的，都已先存在于感觉中。"哲学要是不同于健全人的感觉和以这种感觉为依据的理智，是不可能存在的。

与此相反，笛卡儿、斯莫诺莎等唯理论哲学家则用另一种方法来研究人的问题。笛卡儿把他由以出发的哲学原则"我思故我在"作为人存在的唯一可靠标志，肯定了思维和理智。在他看来，真理性的认识只能来自直觉和演绎。所谓直觉，也就是一种不证自明的知识，由澄清而专一的心灵所产生的概念；所谓演绎，就是在理性直觉的基础上，从业已确切知道的其他事实所进行的任何带必然性的推理。笛卡儿说："离开精神直觉或演绎，就不可能获得科学知识。"除了通过自明性的直觉和必然性的演绎以外，人类没有其他途径来达到确实性的知识。这一派哲学家们以唯理论的传统精神断定人的本质主要在于思维、在于人有理性。他们把有理性理解为在认识客观必然性的基础上自由而积极的活动。理性是一种特殊品质，正是它决定着人的本质。

休谟继承了培根以来的经验论哲学传统，并把经验论的基本理论原则贯彻到底，把经验论哲学的实验和观察方法作为他的人性的科学的基本方法。他说：

> "关于人的科学是其他科学的唯一牢固的基础，而我们对这个科学本身所能给予的唯一牢固的基础，又必须建立在经验和观察之上。"

休谟对自己的这个想法非常重视。他认为，关于人的科学发展到今天，必须经过一番重大的改革，这就是研究方法的改革，即把实验科学的方法应用于这门科学，应用于精神题材。所以，他把他的主要哲学著作《人性论》称作是"在精神科学中采用实验推理方法的一个尝试"。在他看来，研究人性和人的心灵的本质，与研究自然界的物体一样，若非借助于仔细和精确的实验，并观察心灵的不同的条件和情况所产生的那些特殊结果，那么对心灵的能力和性质，也一定同样不可能形成任何观念。我们必须努力将我们的实验推溯到底，并以最少的和最简单的原因来说明所有的结果，借以使我们的全部原则达到最大可能的普遍程度。

不过，对人的心灵的研究有这样一种特殊的不利条件，这是自然科学所没有的，那就是，当精神哲学收集实验材料时，无法有目的地进行实验，事先定好计划，并按照预定的方法去应付可能发生的每种具体困难情况。当我不明白在某种情况下某一物体对另一物体的影响时，我只需把这两个物体放在那样一种情况下，并观察其有什么结果发生。但是在精神哲学中，如果我把自己放在我所要考察的那种情况下，企图以同样的方式消除任何疑难，那么这种思考和预计显然会搅扰我的自然心理原则的作用，而必须会使我无法根据现象得出任何正确的结论。而且人的心灵的作用是最奇特的，它们虽然紧紧靠近我们，但是它们～成为反省的对象，它们便似乎陷于暧昧的地步。我们的眼睛并不容易找到分辨它们、识别它们的那些界线。那些对象太精细了，它们并不能在同一方面或同一方位下持续很久；我们必须在一刹那间借敏锐的眼睛来把握它们。因此休谟主张，我们只能贡献出一幅心理的地图，把人的心灵的各种部分和能力描写出来。如果我们能知道人的心灵的各种作用，把它们互相分离开，把它们归在适当的项目下，并且把它们在作为反省和研究的对象所呈现的那种纷乱情形改正了，那已经是一部分不小的科学工作了。

据此，休谟激烈地批评了唯理论哲学的方法论原则。在他看来，唯理论哲学把人当做是一个有理性的东西来加以考察，而不着眼于其为活动的东西，他们力求形成他的理解，而不是来培育他的举止。他们将人性认为是一个可以静思的题目，他们精密地来考察它，以求发现出有什么原则可以规范我们的理解，刺激我们的情趣，并使我们赞成或斥责某种特殊的对象、行动或行为。他们由特殊的例证，进到概括的原则，并由盲目接受的原理而继续推论出残缺的理论，而不顾这种推论的结论是否与常识相悖。休谟认为，这种虚玄的推理不仅很容易陷于错误，而且给哲学本身带来了耻辱。

不过，休谟并不是反对一切理性思维的推理和概括，而是主张这些推理和概括必须建立在经验的基础之上，以经验为其范围和限度。在他看来，天文学家虽然一向只是根据各种现象证明了各种天体的真正运动、秩序和体积，而且他们虽然一向也就满足于此，但后来哲学家则依据最巧妙的推论决定了各种行星的运转所依以进行的那些法则和力量。关于自然的其他部分，也有同样的研究。在心理的能力和组织方面，我们如果用同样才力和费同样心力来研究它们，也可以有相等的成功，即发现出人的心灵的各种活动是受什么秘密的机栝和原则促动的。"在任何情形下，精确都是有助于美丽，正确的推论都是有助于细微的情趣的。"但是，对于我们的最概括、最精微的原则，除了我们凭经验知其为实在以外，再也举不出其他的理由。经验也就是一般人的理由，这种理由，即使对于最特殊、最奇特的现象，也无需经过研究便可以直接发现出来的。

因此，休谟认为任何关于人的科学都不能说明人性的最终的原则，因为我们不能超越经验，所以见自命为发现人性终极的原始性质的任何假设，都是蒙蔽世人的狂妄和虚幻，都应该予以摒弃。休谟指出，这种不能说明最终原则的情形，如果被人认为是关于人的科学中的一个缺点，那么这是这种科学和一切科学所共有的缺点，也是和我们所从事的一切艺术所共有的缺点，不论这些学艺是在各个哲学学派中所培养的，或是在低贱的工匠作坊中所实践的。这些学艺中没有一种能够超出经验以外，或者建立任何不以这个权威为基础的原则。然而，我们发现了人类理性的最后限度，并非就因此气馁和失望，放弃对人性的研究和对真理的追求，而是要在这个限度之内，建立起一门不是虚幻玄奥的，而是实实在在的关于人的科学，休谟明确地说：

> "我们必须借审慎观察人生现象去搜集这门科学中的种种实验材料，而在世人的日常生活中，就着人类的交际、事务和娱乐去取得实验材料。当这类实验材料经过审慎地搜集和比较以后，我们就可以希望在它们这个基础上，建立一门和人类知识范围内任何其他的科学同样确实、而且变为有用的科学。"

三、人的知性：能力和限度

1. 人性科学的第一条原则

休谟认为，在全部人性的科学中，最重要的是对于人的知性的研究，即应用经验论的方法，对人的认识的性质、能力和范围进行考察、分析和研究，以确定人类在科学知识领域里所能达到的最后的限度。因为要使哲学成为一门关于人性的科学，就要使它与人类知识的范围相适应，并因此而使它具有确实性、可靠性。同时，由于其他一切科学都与人性的问题有关，都是在人的知识范围内的科学，因而对人的知性的研究亦是为这些科学奠定基础。

在哲学史上，"知性"这一概念有过不同的内涵。在文艺复兴时期，德国哲学家库萨的尼古拉（Nicdaus Cusanus，1401—1462年）和意大利哲学家布鲁诺（Giordano Bruno，1548—1600年）曾把"知性"看做是人的认识能力的一种或认识过程中的一个阶段。在休谟之后的德国古典哲学中，例如在康德那里，知性亦是与感性、理性相应的、人的认识的三个阶段之一。但是在休谟的论述中，所谓知性即包括人的全部认识活动，他对知性的研究也就是他的认识论理论。他说：

> "我只要能够根据经验的指示，完全认识了对象刺激
> 感官的方式和对象之间的联系，我就心满意足了。这就
> 足以作为生活的指导；这也就满足了我的哲学，我的哲
> 学只是要说明我们的知觉、即印象和观念的本性和原
> 因。"

休谟把他对知觉即印象和观念的本性和原因的说明称为他"在人性科学中建立的第一条原则"。休谟认为，人类心灵中的一切知觉（Perceptions）都可以分为印象和观念。所谓"印象"（impressions），即较强烈较活跃的知觉，包括所有初次出现于灵魂中的我们的一切感觉、情感和情绪，就是我们在"有所听，有所见，有所触，有所爱，有所增，有所欲，有所意识的知觉"。所谓"观念"（idea），就是在反省上述的那些感觉和运动时我们所意识到的一些较不活跃的知觉"，是我们的感觉、情感和情绪在思维和推理中的微弱的意象。他认为，印象和观念都属于知觉，它们之间的区别只在于进入人的心灵时的强烈程度和活泼程度不同。例如我们在暗中所形成的那个"红"的观念和日光之下刺激我们眼睛的那个印象，只有程度上的差别，没有性质上的区别。他指出，我们的印象和观念除了强烈程度和活泼程度之外，在其他每一方面都是极为类似的。任何一种都可以说是其他一种的反映；因此心灵的全部知觉都是双重的，表现为印象和观念两者。当我闭目思维我的房间时，我所形成的观念就是我曾感觉过的印象的精确的表象，观念中的任何情节也无一不可在印象中找到。在检查我

的其他知觉时，我仍然发现同样的类似和表象。观念和印象似乎永远是互相对应的。

休谟又把观念和印象分为简单的和复杂的两种。简单的观念和简单的印象之间存在着直接对应的关系，每个简单观念都有和它类似的简单印象，每个简单印象都有一个和它相应的观念。但对于复杂的观念和复杂的印象来说，其关系就要复杂一些。其中有些复杂的观念可以找到与之对应的复杂的印象，但对于一些单纯通过想象而构成的复杂观念来说，就不一定能找到与之对应的复杂观念。例如我能设想新耶路撒冷那样一座黄金铺道、红玉砌墙的城市，虽然我从来不曾见过这样一座城市。休谟认为，这些想象性的观念虽然并不是对某些印象的直接模拟，但是它们的形成最终却是离不开印象的，是人们把原先具有的各种简单观念任意加以排列组合而成的。因此，这两类知觉，即印象和观念总是精确地相应的。

休谟认为，印象和观念之间恒常存在着的这种对应关系，是因为观念依靠于印象而产生。他说，他研究两者初次出现时的次序，并由恒常的经验发现，简单印象思是先于它的相应观念出现，而从来不曾以相反的次序出现。要给一个儿童以深红和橙黄或甜味和苦味的观念，我就把这些对象呈现于他；同样，我们如果不曾真正尝过菠萝，我们对于菠萝的滋味便不能形成一个恰当的观念。因此，我们的印象是我们观念的原因，而我们的观念不是我们印象的原因。据此，休谟得出了一个概括性的命题，即：

"我们的全部简单观念在初出现时都是来自简单印

象，这种简单印象和简单观念相应．而且为简单观念所精确地复现。"

休谟的这个命题肯定了印象先于观念的原则，即印象产生观念，观念模拟印象，我们的一切知识都只是印象的混合和配列。而印象总是特殊的印象，所以，他认为，无论是简单观念还是复合观念，在本性上都是特殊的。在他看来，要构成一般观念，必须把观念在数量和性质上的特殊程度抽象出去才行，但是，这样一个既无数量程度、又无具体规定性的观念是不可能构成的。比如我们要形成"人"的一般观念，就必须或者表象一切身材不等和性质不同的人，或者不表象任何身材和性质的人。但是这两种情况都是不可能的。因为我们的心灵是有限的，有限的心灵不可能表象无限的对象，而有限的对象思是具有一定程度的数量和性质，我们不论如何把一个观念抽象和分辨，它总是要在数量和性质上具有一个确切的程度。而且我们在经验中根本产生不出无任何数量程度和特殊性质的印象。所以我们要形成表象一切不同身材和性质的"人"的抽象观念是不可能的。自然界中的一切事物都是特殊的，我们对事物的表象也应当是特殊的，我们不能形成在数量和性质两个方面都没有限制和界限的任何观念。我们心中的一切观念都是具有确定的数量和确切的性质的特殊观念，它们只表现特殊对象。

但是，人们在实际的推理和思维活动中，确实在使用一般观念。休谟认为，人们在推理中使用的一般观念实际上只是表象某个单一个体的特殊观念。由于这个单一个体与其他许多个体之间有类似关系，心灵为了方便推理，就习惯地用一个名词来表象这

一个体和与它类似的其他所有个体。休谟认为，这就是我们所谓
抽象观念的本性。他指出，我们的心灵都是有限的，我们不可能
穷尽所有的个体，而且每个个体都是互相差异的，它们在许多方
面和心中当前出现的那个观念是不同的。所以，一般观念其实并
不具有普遍性，它不能完整地表象所有的个体，是习惯的力量把
特殊观念变成了一般观念。他指出："观念就其本性来说既然只
是特殊的，同时它们的数目又是有限的，所以观念只是由于习惯
才在其表象作用上成为一般的、并且包括了无数其他的观念。"
"照实地说来，没有所谓抽象观念或概括观念。"

休谟关于抽象观念在本性上是特殊的思想，继承了中世纪哲
学中唯名论的传统。唯名论的基本观点是认为，只有"个别"或
"特殊"是实在的，"一般"或"共相"仅仅是一种"名称"。休
谟则把一般观念看成是人们的主观约定，是特殊事物的代名词，
它只能近似地表象许多类似的单一个体，并不具有真正的普遍性，
普遍性是一个不能由经验提供给我们的规定。这样一来，一切抽
象观念都只不过是毫无意义的空洞名词而已。

总之，一切观念都是由印象产生的，是对印象的摹写，因而
一切观念都是特殊的，都与印象相对应，这就是休谟哲学的第一
条原理和前提，亦即他的"人性科学的第一条原则"。休谟哲学的
其他观点，都是从这条原理推演出来或者是用它来论证的。

2. 人类知识的确实性

休谟的观念论证明了我们的一切观念都产生于印象，都与印
象相对应。那么，我们的印象又是如何得来的呢？休谟继续考察
了这个问题。

休谟首先把印象区分为感觉（sensation）印象和反省（reflection）印象。他认为，反省印象是这样产生的：一个印象最先刺激感官，使我们知觉种种冷、热、饥、渴、苦、乐。这个印象在心中留下一个复本，印象停止以后，复本仍然存在；我们把这个复本称为观念。当苦、乐观念回复到心中时，它就产生欲望和厌恶、希望和恐惧的新印象，这些新印象可以恰当地称为是反省印象，目为它们是由反省得来的。这些反省印象又被记忆和想象所复现，成为观念，这些观念或许又会产生其他的印象和观念。因此，"反省印象只是在它们相应的观念之前产生，但却出现在感觉印象之后，而且是由感觉印象得来的。"这就是说，反省印象是以感觉印象为基础的，因而一切观念实际上都是以感觉印象为最终来源的。

休谟说，感觉印象"是由我们所不知的原因开始产生于心中"。他认为，由感官所发生的那些印象的最终原因是人类理性所完全不能解释的。我们永远不可能确实地断定，那些印象是直接由对象发生的，还是被心灵的创造能力所产生，还是由我们的造物主那里得来的。对此我们只能抱一种"存疑"的态度。他认为，对这个问题作穷根刨底地考究，既不可能，也无此必要，我们只要根据我们的印象、观念进行判断、思维和生活就可以了。

为什么感觉印象的来源是我们不能知道的呢？休谟认为，这是因为，既然我们的一切思想和观念只是印象的结合和联系，而印象只能是通过感觉得来的，因此，我们的认识一步也不能超出感觉经验，只能以感觉经验为最后的界限。他指出，我们所确实知道的唯一存在物就是知觉，除了心灵的知觉或印象和观念以外，没有任何东西实际存在于心中。"我们永远不能由知觉的存在或其任何性质，形成关于对象的存在的任何结论，或者在这个问题上满足我们的理性。"

这就是说，我们的认识的基本对象，人类知识的确实性的可靠范围，就是我们的感性知觉。我们的认识，不是对客观外物的认识，而是对这些知觉的认识。休谟论证说，当我们说"这张桌子"和"这棵树"的时候，所指的那些东西不外是我们心中的知觉。我们的心中从来只有知觉，而没有任何其他的东西，并且无论如何也不会获得关于知觉和客体关系的任何经验。因此，设想这种关系是没有任何逻辑根据的。他举例说，当我们观察自己的肢体时，我们所知觉的不是我们的身体，而是由感官传来的一些印象，所以把一种实在的、物质的存在归之于这些印象或它们的对象的那种心理作用，是很难说明的。声音、滋味、气味，虽然被心灵通常认为是持续的独立的性质，可是并不显得是位于身体以外的。甚至我们的视觉，如果不借助于某种推理和经验，也不能直接以距离或外在性报告我们。因此，我们的感官如果提示出独立存在的任何观念，那它一定是借着一种谬误和幻觉，才把印象作为那些存在物的自身传来。休谟指出：

"我们纵然尽可能把注意转移到我们的身外，把我们的想象推移到天际，或者是一直到宇宙的尽处，我们实际上一步也超越不出自我之外，而且我们除了出现在那个狭窄范围以内的那些知觉之外，也不能想象任何一种的存在。"

休谟认为，由于我们的认识只是以知觉为对象，对于外界事物，我们凭感觉了解它对我们呈现的现象，而不能认识它的本质。我们的感官只能告诉我们面包的颜色、重量和硬度，却不能告诉我们面包有什么性质可以使它来营养和维持人的身体。视觉和触觉固然可以把物体的真正的运动观念传达给我们，但是如果要说物体中还有一种奇妙的力量，可以使物体的运动在继续变化的场所中进行，而且物体只有把这种力量传到别的物体之后，才会失掉这种力量，那么我们对于这种力量丝毫不能有一点概念，在这些可感知的性质和秘密的能力之间并没有可知的联系；因此，人的心灵不能在它们的本性方面知道什么东西，也不能借此对它们的永恒的规则的联系有什么结论。休谟指出：

"自然使我们远离开她的秘密，她只使我们知道物象的少数表面的性质；至于那些物象的作用所完全依据的那些能力和原则，则自然都向我们掩藏起来。"

"人类理性所极竟努力的，只是借类比、经验和观察，实行推论，把能产生自然现象的各种原则，归于较简易的地步，并且把许多特殊的结果还原于少数概括的原因。不过说到这些概括的原因的原因，则我们休想把它们发现出来。而且我们纵然极其详尽地把它们解释一番，我们也永远不能使自己满意。这些最后的机栝和原则对人类的好奇心和考究是完全封锁住了的。"

休谟还认为，关于客观物体的性质是超出感觉经验范围的，不可知的，因而所谓"实体"的观念也就只是一种虚妄的抽象。

休谟否定实体的实在性，他认为，如果真有实体存在，那么它就应该为我们心灵中的印象所承认，即它或者来自我们的感觉印象，或者来自我们的反省印象。但是，我们由感觉印象所得到的仅仅是颜色、声音、滋味等等知觉，由反省印象所得到的仅仅是情感和情绪，两者之中没有一个能够表象实体。由此可见，肯定实体的存在是没有根据的。他认为，我们的实体观念，无论是精神实体，还是物质实体，都是在普通的心理习惯的基础上形成的一种虚妄的抽象，是一些特殊性质的集合体的观念，而当我们谈论实体或关于实体进行推理时，我们也没有其他的意义。所以休谟断言，我们没有任何真正的实体观念。所谓实体问题不属于知识的范围。

神的问题也是如此。休谟认为，所谓神的能力和作用等问题是我们的感官所不能达到的地方，在我们还没有达到这种学说的最后阶段之前，就已经进入了神仙之乡。他指出，我们并没有赋有任何能力的一个存在者的观念，当然更没有赋有无限能力的存在者的观念。对此我们没有任何理由来信托我们的普通论证方法，来相信我们平常推论还有什么根据。"我们的测海线太短了，并不能测量那样深广的一个深渊。"

总之，我们人类心灵的认识能力是有限的，永远不能得到关于感觉经验之外任何存在的正确知识。休谟说。

"我从来不曾想洞察物体的本性，或者说明它们的作用的奥秘原因。因为除了这不是我现在的目的以外，我恐怕那样一种企图也是超出了人类知性范围，而且我们也决不能认为，不借着呈现于感官的那些外面的特性，就可以认识物体。"

"我们如果把自己的思辨限制于对象在我们感官面前的现象，而不进一步探究对象的真正的本性和作用，那么我们便可以免除一切困难，也永不会被任何问题所困惑。"

3. 温和的怀疑主义

根据上面论述过的理由，休谟主张，我们只能研究人类知性有限的能力所能胜任的课题。哲学的论断不过是对日常生活的思索加以整理并纠正。哲学家考虑到他们所运用的能力有欠完善、能达到的范围狭隘和发挥的作用不准确，永远不会试图超出日常生活以外。关于世界的起源和自然的情况，人类绝不能得出令人满意的结论，过去和将来都是如此。休谟指出：

"如果我们把我们的探讨推进到对象在感官前的现象以外，我恐怕我们大部分的结论都将充满了怀疑主义和不确定。因此，如果有人问，那个不可见的和不可触知的距离是否永远充满着物体、还是某种东西——那种东西在我们的器官改进之后可以变成可见的或可触知的，那么我不得不承认，我不论在哪一方面都发现不出很有决定性的论证来；……对于那个哲学来说，最适当的就是一种适度的温和的怀疑主义，同时坦率地承认对于超出一切人类能力的那些题材，我们是一无所知的。"

休谟认为，哲学上的怀疑主义是不可避免的，这种怀疑主义是对人类知性的能力进行反省的结果。由于我们知性的能力是有限的，所以在理性科学中的全部知识都只是概然判断。而在每一个概然判断中，除了对象所固有的原始不确定性外，还有由判断官能的弱点发生的不确定性。因此，不论根据什么体系，都不能为我们的知性进行辩护。如若以此加以辩护，只会更暴露它们的弱点。休谟还认为，怀疑和独断是互相依赖并且互相斗争而存在的，在独断的理性强大时，它就有怀疑的理性作为它的势均力敌的敌人需要对付；在开始时它们的力量即是相等的，所以它们两方只要一方存在，它们就仍然继续如此。在斗争中，一方失掉多大力量，就必然从对方取去同样大力量。怀疑主义是不可能被克服的，除非它们首先推翻了一切信念，并全部消灭了人类的理性。

休谟认为，人类的大部分在表示自己的意见时天然是易于肯定和专断的，他们如果只看到物象的一面，而且对于任何相反的论证没有一个观念时，那他们就会笨拙地接受他们心爱的原则，而且他们对于持相反意见的那些人，毫不能稍事纵容。他们是不能踌躇和计虑的，因为这就可以迷惑他们的理解，阻止他们的情感，停顿他们的行动。因此，他们就想急于逃脱这样不自在的一种状态。而且他们认为，他们纵然借猛烈的肯定和专断的信仰，也恐怕不能把这个状态完全解除了。但是这些专断的推论者如果能觉察到人类的知性，即使在最完全的状态下，即使在它最精确最谨慎地做出结论时，也是特别脆弱的，则这些反省自然会使他们较为谦和、较为含蓄一些。休谟说，目不识丁的人应该体会博学者的心向，因为那些博学者虽然从研究和反省中得到许多利益，可是他们在结论中仍然往往是不敢自信的。另一方面，博学的人如果天性倾向于骄傲和固执，则他们稍一沾染怀疑主义就可以减低他们的骄傲，因为怀疑主义可以指示他们说，他们对于其侪辈所占的一点上风，如果和人类天性中生来就有的那种普遍的迷惑和纷乱比较起来，实在是微不足道的。我们的全部知识都来自感性知觉，但是"知性在依照它的最一般的原则单独活动时，就完全推翻了自己，不论在哲学或日常生活的任何命题中都不留下任何最低的证信程度。"所以休谟主张在哲学中避免使用"显然"、"确实"、"不可否认的"这类词语，在一切判断中都抱疑虑和谦谨的态度。"总而言之，一个合理的推论者在一切考察中和断言中永久该保有某种程度的怀疑、谨慎和谦恭才是。"

不过，休谟不赞成古代怀疑学派的极端立场，而倾向于学园派的温和态度。他认为，古代怀疑派是否定一切知识的，他们发现自己的心理官能是绝对错误的，或者是发现了这些官能在他们寻常所研究的那些奇特的思辨题目上并不能达到任何确定的结论。他们甚至也怀疑我们的感官以及日常生活中的公理。休谟指出："理性在这里似乎被陷于一种惊异和犹疑中，这种情形，不借任何怀疑家的暗示，就可以使它怀疑自己，怀疑它所践的土地。它看见一片灿烂的光照耀着某一地方；不过那片光却和极度的黑暗相与为邻。在光和暗中间，它景暗了，迷惑了，所以它对于任何一个物象都难有确定的断言。"他认为这种极端的怀疑不能对社会"贡献经久的利益"，如果这种怀疑主义有了普遍的影响，则人生必然会消灭，一切推论，一切行动都会立刻停止下来，一切人都会处于浑然无知的状态中。

休谟还对笛卡儿的怀疑主义提出了批评。他认为，笛卡儿主张的普遍的自明原则是不可能的，我们并不曾见过有这样一种自明的、可以说服人、比其他原则有较大特权的原始原则。退一步说，即便我们有这种原则，而我们要超过它再往前迈一步，也只能借助于我们原先怀疑过的那些官能。因此，笛卡儿式的怀疑是任何人所不能达到的，并且是不可救药的，这种怀疑主义的任何推论都不能使我们在任何题目上达到确信的地步。不过，休谟指出："这种怀疑主义在较中和的时候，我们正可以认它是很合理的，而且它正是研究哲学的一种必需的准备，因为它可以使我们的判断无所偏倚，并且使我们的心逐渐脱离我们由教育或浅见所学来的一切成见。在哲学方面，我们必须由显然的自明的原则起首，必须借小心而稳定的步骤往前进行，必须屡屡复检我们的结论，必须精确地考察它们的一划结果。这些方法，我们虽然只能借它们在自己的系统中徐徐前行、无大进步，可是只有借这些方法我们可以希望达到真理，并且使我们的结果差可稳定和确定。"

休谟把自己的学说称为"温和的怀疑主义"。他认为，这种怀疑主义与那些企图彻底摧毁人的认识力量的"过度的"或"彻底的"怀疑主义不同，它仅仅是避免人们的"猛烈的肯定和专断的信仰"，约束人们不去追求"悠远而奇特的任何东西"，以免"跑到最远的时间和空间"以外，超出日常生活经验去做"高而远的探求"。

休谟并不主张放弃判断，放弃一切科学研究和探求真理的活

动，而是主张把这些都限制在感性经验的范围之内。他认为，哲学研究的目的不是别的，只是要为人们提供一种生活哲学，作为日常生活的向导。使人们只关心自己的直接感性经验，不去思考感觉以外的那些抽象的、没有实用价值的东西。在休谟着来，哲学即是系统化的修正过的日常生活的反省。他指出，他的"温和的怀疑主义"主张把我们的研究限于最适合于人类理解的那些题目。人的想象力虽然是崇高的，它会毫无约束地跑到最远的时间和空间，以求避免因习惯弄成平淡无奇的那些物象。而一个正确的判断，则要遵循着一种相反的方法，使自己限于日常生活中，限于日常实践和经验的题目上。它把较高的论证留给诗人和演说家来润饰，或留给僧侣和政治家来铺张。休谟说：

"一个真正的哲学家必须具备的条件，就是要约束那种探求原因的过度的欲望，而在依据充分数目的实验建立起一个学说以后，便应该感到满足，当他看到更进一步的探究将会使他陷入模糊的和不确实的臆测之中。在这种情况下，他如果只是考察他的原则的效果，而不去探求它的原因，那么他的研究工作将会得到更好的结果。"

"哲学的胜利的希望只能寄托在愉快的心情的再现，而不能寄托在理性和信念的力量。在人生一切事务中，我们仍然应当保存我们的怀疑主义。如果我们相信，火能生暖，水能提神，那只是因为我们如果作其他的想法，我们就会吃大亏的。如果我们是哲学家的话，那么我们的哲字只应该是根据怀疑主义的原则，并且是由于我们感觉到一种喜爱从事哲学思想的倾向。"

4. 习惯是人生的最大指导

我们的一切知识都来自感觉经验，我们的一切思想和观念都不过是感觉印象的结合和联系，因而我们一步也不能超出感觉经验，感官知觉之外的世界是人类的知性不能抵达的不可知的领域。这样说来，人类知识的确实性和有效性就是有限的，人们对自己生活在其中的外在世界并没有确实可靠的、普遍必然的知识。那么，人类的知性如何指导人们的日常生活，成为人生的向导呢？

休谟把人类所有的知识划分为两大类，即关于"观念的关系"方面的知识和关于"实际的事情"方面的知识。第一类知识包括几何、代数、三角等数学学科提供的知识，它们具有"直觉的确定性或解证的确定性"，即可以直觉到或经过论证而具有确实性。弦方等于勾方加股方，这个命题表述这些形状之间的关系；三乘五等于三十的一半，这个命题表述这些数之间的关系。这类命题仅仅通过思想上的运算就可以发现，而不靠存在于宇宙间任何地方的东西。即使自然界没有圆形或三角形，欧几里得所证明的真理仍然会保持其确实性和自明性。

第二类知识即关于"实际的事情"的知识，包括物理学等各门自然科学。这些科学都是建立在因果关系上的，人们凭借因果关系获得了直接感觉和记忆之外的间接知识，以探索过去，并推断、控制和规范未来。休谟在自己的哲学著作中较多地论述了对实际事物的认识问题，试图探究因果关系的本性、来源和根据，并提出了一些很重要的问题。英国哲学家罗素（Bertrand Russell，1872—1970）曾说，休谟第一个对以往的因果现提出了真正的挑战，近代的因果关系哲学是从休谟开始的。

因果关系问题是西方哲学史上的最重要问题之一，从亚里士多德开始，即已对因果关系问题进行了哲学的探讨，并提出了对实际事物的科学认识即是关于因果关系的知识的思想。近代以来，随着实验科学的建立，这一问题获得了突出重要的意义，各门自然科学都在探求自然现象的因果联系和规律性，而各派哲学家也都力图说明因果关系的本性、来源和根据。休谟在这个问题上与他们不同的地方在于，他否认人们所具有的因果观念的实在性，把因果观念的获得看作完全是人为的，并不具有客观基础，因为人们并没有关于事物之间存在因果联系的印象（感觉）或作为原因的事物应具有的"能力"的印象。

休谟认为，感觉经验是形成因果观念的唯一基础。在他看来，既然我们的认识不可能超越感觉经验的范围以外，因而我们关于因果关系的知识在任何情况下都不是由先验的推论得来的，"不是凭借于理性，乃是凭借手经验"得来的。他指出，当人们进行因果推理，即从一特定的原因推出某一特定的结果时，尽管力求把自己的视野扩展到自己所观察到的或记忆住的对象之外，但是却始终摆脱不了感觉经验，因为要进行因果推理，首先必须确定某一原因的存在，而要确立这个原因，只有两个方法；或是通过我们的记忆或感官的直接知觉，或是由其他原因加以推断。前一方法即是借助于感觉经验的方法，后一方法虽不直接凭借感觉经验，但最后又总是追溯到感觉经验那里。他说，不论多么绝顶聪明的人，当他第一次遇到某一事物、现象时，他只能感知到它的

感性性质，而绝不可能单凭理性思维就能先驻地悟出它的前因后果来。人们之所以知道水能把人淹死，火能把火烤焦，一个滚动着的台球撞上另一个台球会使第二个台球滚动等等，这些因果性的知识都是从以往的经验中总结出来的。唯有经验能为他指出任何现象的真正原因。我们离开了观察和经验的帮助，那我们便不能妄来准论任何原因或结果。休谟写道：

> "原因和结果显然是我们从经验中得来的关系，而不是由任何抽象的推理或思考得来的关系。没有任何一个现象——即使是最简单的——可以根据了出现于我们面前的对象的性质而加以说明的，或者是我们可以不借着记忆和经验的帮助而预见的。"

但是，因果性知识又是怎样在经验的基础上产生出来的呢？人们又是凭什么充分的根据可以把经验过的事情扩展到未经验过的事物（由因推果和由果推因）？根据休谟的关于观念和印象相对应的原理，因果观念是摹写什么样的印象？是什么印象的摹本？把手放在火上后，看到的是火光，触到的是灼热，感到的是疼痛，这些感觉印象怎样会产生出烤火是"原因"，灼热、疼痛是"结果"这样的因果观念？这些印象和观念之间并没有什么对应关系，因而休谟认为因果性并未得到科学的证明。

休谟之前的一些自然科学家和机械论哲学家曾试图用"能力说"来解释因果性的基础，用一种什么"力"来说明事物产生的原因。例如霍布斯认为，当一个"主动物体"由于受力而作用"被动物体"时，这两个物体的某些特性的总和就是"原因"，而

"主动物体"对"被动物体"的作用在"被动物体"上所产生的特性便叫做"结果"。洛克也把因果观念的产生归因于物体的"作用力",他说,在我们的感官注意到变动不居的各种事物时,我们总会观察到有一些特殊的性质和实体开始存在起来,而且它们的存在是由别的事物的适当的作用所引起的。从这种观察,我们便得到因果的观念。休谟批评了这种机械论观点。他认为把因果联系归因于机械作用力是没有根据的,这种所谓的"力"是无法确证的。我们永远没有关于任何"能力"、"效能"这样的感觉印象,因而也就不会有关于"能力"的观念。而且,即使真有这样的"力"存在,我们也无法感知它。"自然界的最终的能力和效能是我们完全不知的,而且我们如果在物质的一切已知性质中来寻找这种最终的能力,那是徒然的。"

休谟还对神学先验主义的因果现提出了批评。神学先验主义认为,物质不会自己产生运动,宇宙间的一切事物的存在和运动的根本原因只能是上帝或神。只有神才是宇宙的原动力,他不但首先创造物质,给予它以原始的冲动,并且也通过继续施展全能的力量,支持物质存在,给予物质以其所有的那些运动、形象和性质。休谟认为,这种理论完全超越了我们的感觉经验,使我们进入了"神仙之乡"。我们不能了解最粗重的物质的作用,我们也一样不能了解最高神明的作用。"如果任何感觉印象或反省印象都不涵摄任何力量或效能,那么也就同样不可能发现或想象神具有任何那种主动的原则。"休谟认为,把因果联系归之于神意纯粹是多余的。

总之,在休谟看来,因果联系观念的根据既不是物质的机械作用力,也不是非物质的神意。因果性观念的真正根据只能从对象间的某种关系中去寻找。在这些关系中，有两种能被经验感知的关系是和因果性直接有关的：一个是时、空上的接近关系，一个是先后接续关系。但这两种关系只是因果性的必要条件，而不是因果观念的基础或根据。因为两个有因果联系的对象固然必须是接近关系和接续关系，但并非所有的接近关系和接续关系都是有因果联系的。两个接近的对象或两个先后发生的现象，很可能是偶然"会合"在一起的，并无必然的因果联系。不过，休谟认为，如果两个对象的接近与持续关系一再重复出现，显示出一种"恒常的结合"，我们就会从前一现象的出现推断出后一现象必然要出现，并称前者为"因"，称后者为"果"。例如，当我们看见"火焰"时，随之而来的便是"热"的感觉，这就是说，"火焰"与"热"这二者是结合在一起的。如果这种互相结合的情况重复千百次，我们便发现"火焰"与"热"不仅结合在一起，而且它们之间的结合还是一种"恒常的结合"。在这种情况下，不经过任何进一步的程序，我们便把一个称为原因，把另一个称为结果，并由一个的存在推断另一个的存在。

休谟认为，这样的因果推论，就是由过去的经验推出将来的经验必然与它相类似。这样的推论超出了我们的经验之外，因而不能为理性所证明。我们的理性不可能证明我们所经验过的那些对象为什么必然类似于我们所未曾发现的那些对象，不可能证明在我们未曾经验过的事例中存在着原因与结果之间的恒常结合关系。因此休谟认为，这样的因果推论只能是一种假设，我们的因果观念并不具响普遍性和必然性。我们经验过的"火"与"热"的恒常结合，尽管重复了一千次，一万次，但它们永远属于过去的经验，根据过去的经验，我们只能说过去经验到的火是热的，而不能说我们未曾经验过的火也是热的。一切事物既可以这样，也可以那样，"各种事实的反面总是可能的。"太阳在明天也许能升起来，也许不能再升起来；抛起来的石头未必会再落到地上；火是否合燃烧，谁也无法断定。我们并不能借原因中任何明显的能力来预见到它，我们并不能看到有任何能力把原因和结果联系起来，能使结果必然跟着原团而来。我们自然时时刻刻意识到我们的身体运动跟着意志的命令而未，但是要问借什么方法可以有这种结果，有什么能力可以使意志进行这种奇特的作用，则我们是完全不能直接意识到的。我们纵然极其勤劳地来考察官们，也是白费事的。经验只教导我们，一件事情如果恒常地跟随着另一种事情，它并不能告知我们能给大它们并使它们不可分的那种秘密的联系。休谟写道：

> "不但我们的理性不能帮助我们发现原因和结果的最终联系，而且即在经验给我们指出它们的恒常结合以后，我们也不能凭自己的理性使自己相信，我们为什么把那种经验扩大到我们所曾观察过的那些特殊事例之外。我们只是假设，却永远不能证明，我们所经验过的那些对象必然类似于我们所未曾发现的那些对象。"

休谟在此提出了经验归纳是否具有必然性的问题。这一问题在逻辑学和哲学认识论方面具有重要的意义。在休谟之后直至当代，有许多哲学家致力于对这一问题的探讨。在西方哲学史上，这一问题即被称为"休谟问题"。从上述观点出发，休谟认为，人们宣称能认识真正的因果必然性，那是一种无中生有的妄说。

人并不能感觉到，也不能知晓，也不能想象这种必然性。他指出：

> "总起来说我们都看不到，全部自然中并没有任何一个联系的例证是我们可以想象得出的。一切事情似乎都是完全松懈而分离的。一件事情虽然跟着另一件事情而来，可是我们永远看不到它们中间有任何纽带。它们似乎是'会合'在一块的，却不是'联系'在一块的。凡不曾呈现于我们的外的感官或内的感觉的任何东西，我们对它既不能有任何观念，所以必然的结论似乎就是说：我们完全没有'联系'的观念或'能力'的观念，而且这些名词不论用于哲学推论中或用于日常推论中，都是绝对没有任何意义的。"

不过，休谟否认的只是因果关系的逻辑必然性和归纳必然性，并不否认特殊因果关系的存在。他说："有些原因可以完全一律的、恒常的，产生出某一种特殊的结果；我们还不曾见有任阿例证，证明了它的作用是无效的或不规则的。火是一向能浇人的，水是一向能淹人的。至于冲击和引力之能产生运动，也是公认的普遍法则，从来没有例外。"他在一封信中也明确表示，我从来没有荒唐地主张过，一物可以无原因地产生。我只是强调，我们虚妄的必然性，既不是来自直观，也不是来自理证，只能来自另外的原因。休谟认为，我们的因果观念盖出于我们主观上的心理倾向，所谓因果关系的必然性无非是人类心灵的一个内在印象，或者是把我们的思想由一个对象带到另一个对象的倾向。当我们说一个物象和另一个物象相联系时，我们的意思只是说，它们在我们的思想中得到一种联系。

休谟把这种主观心理倾向称之为"习惯的联想"。他认为，我们通常所说的某种原因产生某种结果，某种结果为某种原因所产生，固然是由于在我们的经验中被称为"原因"的感觉印象与被称为"结果"的感觉印象之间存在着一种"恒常的结合"，但是仅仅如此，我们只能说被称为"原因"的感觉印象与被称为"结果"的感觉印象之间有一种前后相继的关系，却无法提出某种原因产生某种结果，某种结果为某种原因所产生这一因果关系信念。休谟认为，人们从原因和结果的前后相继关系过渡到因果必然性的信念，完全凭借心理习惯的联想。例如，在我们的经验中发现雪与冷、火与热这些感觉印象相互伴随在一起，这种恒常结合反复多次，就在我们心理造成一种习惯，即当观察到雪时便联想到冷，观察到火时便联想到热，于是我们便从这种经验过的雪与冷、火与热的恒常结合中，联想到未曾经验到的雪与冷、火与热也会结合在一起，产生出由前一印象的出现一定会有后一印象出现的因果必然性信念。

因此，休谟特别强调习惯的"伟大力量"，把习惯作为人生的最大指导。人们凭借习惯这种伟大的力量，就可以在我们只能获得可然性知识的事实的世界里活动和生活。休谟写道：

> "习惯就是人生的最大指导。只有这条原则可以使我们的经验有益于我们，并且使我们期待将来有类似过去的一串事情发生。如果没有经验的影响，则我们除了当下呈现于记忆和感官的事情而外，完全不知道别的事情。

我们将永不会知道如何使自己的手段来达到我们的目的，我们将永不会运用我们的自然的能力来产生任何结果。如果这样，一切行动都会立刻停止，大部分的思维也会停止。"

四、人的情感：对象和原因

1. 理性与情感

休谟在研究了人类的知性及其能力和限度，确定了他的知识学原理之后，又深入分析了人类的情感问题，探讨了各类情感的对象和产生的原因，并把对情感的研究作为他的人性科学的重要组成部分。

为什么要特别重视对人的情感问题的研究呢？休谟指出，在哲学中，甚至在日常生活中，最常见的事情就是谈论理性和情感的斗争，就是重视理性，并且说，人类只有在遵循理性的命令的范围内，才是善良的。人们说，每一个理性动物都必须根据理性来调整他的行为；如果有任何其他动机或原则要求指导他的行为，他应该加以反对，一直要把它完全制服，或者至少要使它符合于那个较高的原则。古今精神哲学的大部分似乎都建立在这个思想方法上，理性的永恒性、不变性和它的神圣的来源，已经被人渲染得淋漓尽致；情感的盲目性、变幻性和欺骗性也同样地受到了极度的强调。休谟认为，上述这些看法是完全错误的；

"为了指出一切这种哲学的谬误起见，我将力求证明，第一，理性单独决不能成为任何意志活动的动机，第二，理性在指导意志方面并不能反对情感。"

根据休谟的知性学说，人类知性的作用有两种方式：在一方面知性所考虑的是我们观念的抽象关系，在另一方面它所考虑的是仅仅为经验所报告于我们的那些对象的关系。休谟认为，知性的第一种推理并不能成为任何行为的原因，因为它的恰当的范围只是观念世界，而意志则永远把我们置于现实世界中，所以理证和意志似乎是完全互相隔绝的。数学在每一种技艺和行业中，的确都是有用的，不过并不是数学本身有任何影响。一个商人想知道他和任何人的账目的总额，只是为了想知道多大的总数才可以有偿还债务并到市场购货的那个结果。因此，抽象的或理证的推理，只有在它指导我们有关因果的判断的范围内，才能影响我们的任何行动。有关因果的判断是知性的第二种推理活动。休谟认为，单是这种推理也不可以成为任何行为的原因。他论证说，当我们预料到任何一个对象所可给予的痛苦或快乐时，我们就随着感到一种厌恶和爱好的情绪，并且被推动了要去避免引起不快的东西，而接受引起愉快的东西。不过，这个情绪并不停止在这里，而要使我们的观点转到各个方面，把一切通过因果关系与原始对象有关的一切对象都包括无余。这里就有推理发生，以便发现这种关系；随着我们的推理发生变化，我们的行为也因此发生变化。但是显然，在这种情形下，冲动不是起于理性，而只只受着理性的指导。我们由于预料到痛苦或快乐，才对任何对象发生厌恶或爱好；这些情绪就扩展到由理性和经验所指出的那个对象的原因和结果。如果我们对原因和结果都是漠不关心，我们就丝毫不会关心去认识某些对象是原因，某些对象是结果。对象本身如果不影响我们。它们的联系也不能使它们有任何影响；而理性既然只在于发现这种联系，所以对象显然就不能借理往来影响我们。因此，休谟说：

> "单是理性既然不足以产生任何行为，或是引起意志作用，所以我就推断说，这个官能［理性］同样也不能制止意志作用，或与任何情感或情绪争夺优先权。……理性是、并且也应该是情感的奴隶。除了服务和服从情感之外，再不能有任何其他的职务。"

休谟还认为，人的情感是不存在违反理性的问题的。理性和情感永远不能互相对立，或是争夺对于意志和行为的统治权。在他看来，所谓与理性相矛盾的含义是：作为复本的观念和它们所表象的那些对象不相符合。而情感是一种原始的存在，并不包含有任何表象的性质，使它成为其他任何存在物的复本。休谟认为，既然只有联系真理或理性的东西才能违反真理或理性，而且只有我们知性的判断才有这种联系，所以，情感只有在伴有某种判断或意见的范围内，才能违反理性。任何情感只有在两种意义下可以称为不合理的：一是当不存在的对象被假设为存在时，那么在这个假设上建立的情感是不合理的；二是当我们将任何情感发挥为行为时，我们所选择的方法不足以达到预定的目的，我们在因果判断方面发生了错误，这时那个情感可以说是不合理的。休谟说："简而言之，一种情感必然要伴有某种虚妄的判断，然后才可以说是不合理的；甚至在这时候，恰当地说，不合理的也不是情感，而是判断。"当一个情感既不建立在虚妄的假设上，也没有选择达不到目的的手段时，知性就不能加以辩护和谴责。

总之，既然人的情感比理性对人的意志行为有更大的影响，所以对人的情感的研究，便是关于人性的科学中不可或缺的一个部分，甚至是更重要的部分。在休谟之前和他同时代，哲学上关于人的概念基本上是基于"人是理性的动物"这一看法，因而在对人性的研究中都是强调理性的优先地位，并把理性作为主要的课题加以探究。休谟并不反对研究人的理性即人的认知能力，他的关于知性的学说亦即是对这方面进行研究的成果。但是，他进一步揭示了人性中更深的、对人的意志和行为有更大影响和作用的层次，即非理性的情绪和情感的层次，把对情感问题的研究纳入哲学研究的领域，开拓了对人性的认识的一个新的方面。

休谟对人的情感的研究所依据的仍然是他的"人性科学的第一条原则"，即关于观念和印象的学说。他认为，正像心灵的一切知觉可以分为印象和观念一样，印象也可以分为原始的和次生的两种。所谓原始印象亦即感觉印象，就是不经任何先前的知觉，而由身体的组织、精力或由对象接触外部感官而发生于灵魂中的那些印象。次生印象或反省印象，是直接地或由原始印象的观念作为媒介，而由某些原始印象发生的那些印象。前一类印象包括全部感官印象和人体的一切苦乐感觉，第二类印象包括情感和类似情感的其他情绪。休谟又进一步把第二类印象即反省印象分为平静的和猛烈的：对于行为、著作和外界对象的美与丑所有的感觉，属于第一种；爱和恨、悲伤和喜悦、骄傲与谦卑等情感属于第二种。

休谟还把情感划分为直接情感和间接情感。所谓直接情感，就是直接起于善、恶、苦、乐的那些情感，包括欲望、厌恶、悲伤、喜悦、希望、恐惧、绝望、安心等等。所谓间接情感，是指由同样一些原则所发生、但是有其他性质与之结合的那些情感，包括骄傲、谦卑、野心、虚荣、爱、恨、妒忌、怜悯、恶意、慷慨和它们的附属情感。休谟认为，他的情感学说的宗旨就是要揭示和说明这些情感的本质、来源、原因和结果。

2. 骄傲与谦卑

休谟在他的情感学说中，着重分析了骄傲与谦卑、爱与恨这两列情感，深入细致地探讨了它们的对象和产生的原因，以及与其他情感的关系。

休谟认为，骄傲和谦卑是恰恰相反的两种情感，但它们有同一个对象，这个对象就是自我，或我们所亲切记忆和意识到的接续着的一串相关观念和印象。当我们被这些情感之一所激动时，我们的观点总是固定在自我。骄傲与谦卑一旦刺激起来以后，立即把我们的注意转向自我，并把自我看作它们终极的、最后的对象。我们的自我观念有时显得优越，有时显得不够优越，我们也就随着感到那些相反感情中的这一种或那一种，或因骄傲而兴高采烈，或因谦卑而抑郁沮丧。心灵不论接纳其他什么对象，而在考虑这些对象时，总要着眼于我们自己；否则这些对象便永远不能刺激起这些感情，或者使它们有些微的增减。当自我不被考虑到时，便没有骄傲或谦卑的余地。休谟说：

"骄傲与谦卑的对象永远是自我；每当这些情感内外观察的时候，它们总要着眼于我们自己，否则任何人或对象都不能对我们发生任何影响。"

那么，骄傲与谦卑的情感为什么只以自我为对象呢？是什么东西给这些情感指定了那样一个特殊的对象呢？在休谟看来，这些情感是被一种自然的、原始的特性所决定来把自我作为它们的对象的。这些特性的作用是恒常而稳定的，并不能还原到其他性质。休谟写道：

　　"我发现，骄傲与谦卑的特殊对象是被一种原始的、自然的本能所决定的，而且由于心灵的原始组织，这些情感绝对不可能看到超出自我之外，这个自我或者说就是我们各人都亲切地意识到他们的行为和情绪的那样一个特定的人格。当我们被这些情感之一所激动时，我们的观点最后就总是停在自我这里，而且我们处在那种心境中，也永远不能看不到这个对象。对于这个现象，我并不敢擅给以任何理由；我只认为思想的那样一个特殊方向是一种原始的性质。"

自我永远是骄傲与谦卑的对象，说到这些情感，总是针对自我而发，是我因为自己的某种原因而感到骄傲，或因为自己的某种原因而感到谦卑。但是休谟认为，自我并不能成为这些情感的原因，或单凭自身就足以刺激起这些情感。因为这些情感是恰恰相反的，并且有一个共同的对象，所以假使它们的对象也是它们的原因，那么这个对象一产生了任何程度的其中一种情感，同时就不能不刺激起相等程度的另一种情感来。换句话说，这也就是

不能产生任何一种情感。一个人不可能同时既骄傲而又谦卑。当
他有发生这些情感各自不同的理由时，这些情感或是交替发生，
或是在相遇时一方尽其全力去消灭对方，结果是占优势的那一方
的剩余力量还继续影响着心灵。因此，休谟认为，我们必须把这
些情感的原因和对象区别开来。虽然骄傲与谦卑都始终把自我看
作它们的对象，但还需要一种东西才能产生它们，即两种情感之
一所特有的，而不在同一程度内产生两者的东西。

　　休谟说，产生骄傲与谦卑这两种情感的原因是多种多样的。
心灵的每一种有价值的性质，不论其属于想象，属于判断，属于
记忆，或属于性情，如机智、见识、学问、勇敢、正义、正直，
所有这些都是骄傲的原因，而其反面则是谦卑的原因。这些情感
并不限于发生在心灵方面，而也将它们的观点扩展到身体方面。
一个人也可以由于美貌、体力、敏捷、体态、熟练的舞术、骑术、
剑术以及他在任何体力劳动和技艺方面的灵巧而感到骄傲。此外，
这些情感还包括一切与我们有丝毫联系或关系的任何对象，如我
们的国家、家庭、儿女、亲戚、财富、房屋、花园、犬马、衣服
等等，都可以成为骄傲或谦卑的原因。

　　休谟进一步把这种情感的原因区分为发生作用的性质和那种
性质所寓存的主体。例如，一个人对属于自己的美丽的房屋，或
自己所建筑和设计的美丽的房屋感到得意。这里，情感的对象就
是他自己，而其原因则是那所美丽的房屋。这个原因又可再分为
两个部分，即作用于情感上的那个性质，和那个性质所寓存的那
个主体。性质就是那种美，而主体即是视为他的财产或由他所设
计的那种房屋。这两个方面必须结合起来才能产生那种情感。美
如果不寓存于和我们有关系的某种东西，而单就其自身来考虑，

永远不能产生任何骄傲或虚荣；但如果没有美或可以代替美的其他某种事物，单靠最强的关系也很少影响到那种情感的。

那么，这些原因何以刺激起人的骄傲或谦卑的情感的呢？是什么东西决定了这些原因就会产生这些情感呢？换句话说，这些情感的原因具有什么样的特性呢？休谟认为，产生这些情感的原因是自然的。如果我们观察一下人性，并且考虑一下，在一切民族和时代中，同样的对象永远产生骄傲与谦卑，而且甚至当我们看到一个素不相识的人的时候，我们也能相当知道，什么将增加或减少他的这一类的情感。在这一方面，如果有任何差异，那也只是由于人类性情和脾气的差异，并且这种差异也不大。只要人性保持同一不变，我们就不能想象，人们对于他们的权力、财富、美貌或个人的优点会漠不关心，而他们的骄傲和虚荣也不会被这些优点所影响。

但是，虽然骄傲与谦卑的原因是自然的，由人的本性决定的，却不是原始的，不是各自借着自然的一种特殊规定和原始结构适合于这些情感。休谟认为，那些原因寓存于与情感的对象有关的一个主体。与作为情感的对象的自我无关的东西，引不起我的骄傲或谦卑的情感。实际上，这些原因许多都是艺术的产品，一部分来自人的勤劳，一部分来自各人的爱好，一部分来自人的幸运。勤劳产生了房屋、家具、衣服，爱好决定这些东西的特殊种类和性质，幸运显示了物体的不同的混合和组合所产生的结果，因而往往有助于上述一切的制作。因此，不能设想，所有这些每一种都由自然所预见和规定；不能设想，引起骄傲或谦卑的每一种新的艺术品，不是因为具有自然地影响心灵的某种共同的性质，才适合于这些情感。总之，刺激起那种情感的原因和自然赋予那种情感的对象是关联着的，而原因所分别产生的那种感觉也和情感的感觉是关联着的：

　　"正是这个关系原则产生了骄傲，并推动了那些器官，那些器官既是自然地倾向于产生那种感情，所以只需要最初的推动力或开端就可以发生作用。凡产生快乐感觉并与自我相关的任何事物都能刺激起骄傲的情感，而这种骄傲情感同样也是愉快的，并以自我为对象。"

　　因此，休谟认为，产生骄傲与谦卑的情感的原因的一个突出的特性，就是它们与自我的关系，凡与自我没有关系的东西不能成为这些情感的原因。因为所谓骄傲就是我们在观察德、美貌、财富或权力时，由于对自己满意而心中发生的那种愉快的印象；而所谓谦卑，则是指相反的印象。但是他还认为，虽然凡与我们有关而产生苦乐的每样事物，都同样产生骄傲或谦卑，但这里不仅需要一种关系，而且还需要一种密切的关系。例如我们在出席一个宴会时，由于种种珍美的东西满足了我们的感官，我们就会感到一种喜悦，但是只有宴会的主人，除了有同样的喜悦之外，还另有一种附加的自夸与虚荣的情感。固然人们有时对于他们仅仅是出席过华筵也会引以自夸，但一般说来，喜悦所由以发生的那种关系比骄傲所由以发生的那种关系是较为轻微的。一种关系只要使一个对象接近我们，并使它给予我们以任何愉快便可以产生喜悦，但除了喜悦和骄傲这两种情感所共有的这种关系以外，骄傲还需要进一步的关系，借以产生由一种情感到另一种情感的推移，并把愉快转变为虚荣。

除了这些情感的原因对自我的关系以外，休谟认为，它们的另一特性便是它们产生独立于情感之外的痛苦或快乐的倾向。骄傲是一种愉快的感觉，谦卑是一种痛苦的感觉，把苦乐除掉以后，实际上就没有了骄傲与谦卑。这些感觉也就是情感在灵魂中所刺激起的、并构成骄傲与谦卑情感的存在和本质的那种特殊情绪。总之，休谟断言：

　　"凡与我们自己关联着的一切愉快的对象都借观念和印象的联结而产生骄傲，而凡不愉快的对象则都产生谦卑。"

通过上面的考察，休谟确定了骄傲与谦卑的直接对象是自我，或是我们亲切地意识到它的思想、行为和感觉的那个同一的人格；确定了产生骄傲与谦卑情感的原因的基本特性，唯有能引起我们苦乐感觉的、与自我处于密切关系中的东西才能构成这些情感的原因。在休谟看来，正是这些情感的原因和对象两者之间的接近关系或因果关系，构成了产生这些情感的唯一的必需条件。

3. 爱与恨

爱与恨是和骄傲与谦卑具有很大的类似关系的一组情感。所不同的是，骄傲与谦卑的直接对象是自我，或是我们亲切地意识到它的思想、行为和感觉的那个同一的人格；而爱与恨的对象则是我们意识不到他的思想、行为和感觉的某一个其他的人。休谟认为，这一点是显而易见的，我们的爱和恨永远指向我们以外的某一个有情的存在者。当我们谈及自爱时，那不是就爱的本义而

言，而且自爱所产生的感觉和一个朋友或情人所刺激起的柔情也并无共同之点。憎恨也是如此，我们可以因为我们自己的过失和愚蠢而感到羞愧，但是只有由于他人所加的侵害才会感到愤怒或憎恨。

休谟认为，虽然爱和恨的对象永远是其他某一个人，但这个对象并不是这些情感的原因，而且单纯也不足以刺激起这些情感。因为爱和恨在它们所引起的感觉方面既是恰恰相反的，并且有着一个共同的对象，所以那个对象如果也是它们的原因，那么它就会产生同等程度的两种相反的情感，这两种情感从最初一刹那起必然就会互相消灭，于是任何一种情感便都无法出现。因此必然有异于那个对象的某种原因。他认为，引起爱和恨的原因是多种多样的。任何人的德行、知识、机智、见识和风趣，都引起爱和尊重；相反的性质便引起憎恨和鄙视；身体方面的优点，如美丽、体力、敏捷、灵巧和它们的反面都引起同样的爱和恨的情感；而由家庭、财产、衣服、民族和气候等外在的优点和缺点，同样也引起那些情感。他还把这些原因区分为起作用的那种性质和这种性质所寓存的主体。例如，占有壮丽宫殿的国王，由于这个缘故，就引起人民的尊敬；这第一是由于宫殿的美丽，第二是由于财产权的关系把宫殿与他联系起来。这两个条件中只要消除一个，就消灭了那种情感。因此，爱和恨的原因必然与一个人或有思想的存在者相关，才能产生这些情感。德和恶，如果抽象地加以考虑；美与丑如果寓存于无生物；贫与富如果是属于第三人：则对于和它们没有关系的人，便产生不了任何程度的爱和恨，尊重或轻视。一个人如果向窗外观望，看到我在街上行走，在我以外又有一所美丽宫殿，与我毫无关系；这个人决不会对我表示尊敬，就像我是那座宫殿的所有主一样。

通过以上的考察，休谟概括地说：

　　"爱和恨的对象显然是一个有思想的人，而前一种情感的感觉永远是愉快的，后一种情感的感觉则永远是不快的，……这两种情感的原因永远是和一个有思想的存在者相关的，而且前者的原因产生一种独立的快乐，而后者的原因则产生一种独立的不快。"

　　从上面的论述中我们看到，产生爱与恨的情感的原因在很大程度上都是与骄傲与谦卑的原因一致的。在休谟着来，这是由这两组情感的类似关系所决定的。产生骄傲与谦卑的那些性质也引起爱和恨，所不同的是一个与自我相联系，一个与他人相联系。凡对自己的性格、天才、财富感到满意的人，很少有不想在世人面前显露自己，并取得人们的爱和赞美的。显然，成为骄傲或自负的原因的那些性质和条件，也就是虚荣心或名誉欲的原因。休谟说，假设我和一个我向来对他没有任何友谊或敌意情绪的人在一起，在我面前就有了全部这四种感情的自然的、最后的对象。我自己是骄傲或谦卑的对象，另一个人是爱或恨的对象。在他看来，这四种感情好像处在一个方形状态，它们彼此之间有一种有规则的联系和距离。骄傲和谦卑两种情感和爱与恨两种情感一样，被它们同一的对象联系起来，第一组情感的对象是自我，第二组情感的对象是另一个人。这两条联系线形成方形的相对的两边。其次，骄傲与爱是愉快的情感，憎恨与谦卑是不快的情感。骄傲和爱之间、谦卑与憎恨之间在感觉上的类似形成一种新的联系，并可以被认为是方形的另外两边：

> "总起来说，骄傲和谦卑、爱和恨是被它们的对象或
> 观念联系起来的；骄傲和爱、谦卑和恨是被它们的感觉
> 或印象联系起来的。
>
> 因此我说，凡产生这些情感之一的东西，对于那种
> 情感都不能不具有双重关系，即观念与情感对象的关系，
> 以及感觉与情感自身的关系。"

休谟认为，这两种关系构成了产生爱与恨情感的原因的基本条件。自然界中的任何对象，如果没有这些关系，则在任何心理倾向中都将产生不出任何情感来。当一种关系由于任何特殊情况而没有通常的作用，即不能产生观念间或印象间的推移时，那么它也就不再对情感起作用，既不产生骄傲或爱，也不产生谦卑或憎恨。同时，一个只具有这些关系之一的对象，也永不能产生任何恒久而确定的任何情感。例如，凡不产生一种独立于情感之外的痛苦或快乐的任何平凡的或一般的对象，都不能借其对我们或对其他人的财产权关系或其他关系产生骄傲或谦卑、爱或很这些情感。反之，一个产生快乐或不快，但与我们自己或其他人都没有任何联系的对象，可以给予人的心情以那样一种倾向，以至它自然地流入骄傲或爱、谦卑或恨这些情感，但这不可能成为这些情感的稳定的或持久的原因。

不仅如此，休谟认为，爱与恨的情感还必须建立在与自我有比较密切关系的其他某些对象之上。假设我到一个从来未曾去过的国家中旅行，此处风景秀丽，道路平坦，旅馆舒适，这种环境

显然会使我对自己感到心情愉快。但这种情绪只不过是一种舒畅心情的流露，而不是一种确定的情感。因为这个国家对我自己没有关系，所以它就不能成为骄傲或缓的直接原因。

那么，哪些关系是可以产生恒久而确定的爱或恨的情感的密切的关系？休谟认为，其中最重要的是亲友关系。"没有东西能比我们亲戚的任何辉煌的品质引起更加的虚荣，正像没有东西比他们的恶或丑名更加令人感到耻辱。"这种关系是永远伴随着其余两种关系的。在休谟看来，血统关系在亲子之爱方面产生了心灵所能发生的最强的联系，关系减弱，这种感情的程度也就减弱。他认为，不但血族关系，而且其他关系也是如此。我们爱同国人，爱我们的邻人，爱同行、同业，甚至爱与己同名的人。这些关系中每一种都被认为是一种联系，并给予人以要求我们一份爱的权利。此外，相识也能产生爱和好感，当我们和任何人相处得熟悉和亲密以后，虽然在和他经常相处之中，并没有发现出他具有任何有价值的品质，可是我们若是把他和我们所充分相信其具有较大优点的陌生人比较的时候，我们总不免要褊袒他。同时，人们依照他们的特殊气质和性情互相结合，性情快活的人自然喜爱快活的人．正如性情庄重的人喜爱在重的人一样。

休谟认为这种情感来自人的本性。人的心灵本身不足以自寻娱乐，而要寻求可以产生生动感觉、并刺激起精神的外界对象。在这样一个对象出现时，心灵就好像从梦中觉醒，那时血液流入一个新的高潮，心情激发，整个人的精神焕发，这是他在孤独和平静的时候所做不到的。因此，同伴是非常令人愉快的，因为他呈现出一切对象中最生动的一个对象，即是与我们自己相似的一个有理性、有思想的存在者；他把他内心的全部活动传达给我们，使我们知道他的内心深处的情绪和感情；使我们在任何对象所引起的一切情绪最初产生的刹那，就看到它们。每一个生动的观念都是令人愉快的，而我们对于别人的情感所抱的生动观念，尤其是如此，因为那样一个观念变成了一种情感，并且比其他任何意象或概念都能给心灵以一种更为明显的激动。

休谟还分析了两性间的爱。他认为这种感情在它最自然的状态下是由三种不同的印象或情感的结合而发生的。这三种情感是：由美貌发生的愉快感觉，肉体上的生殖欲望，浓厚的好感或善意。构成两性间的爱的三种感情显然是彼此个别的，并已各自有它们的个别的对象。三者只借着它们之间的关系才互相发生，即首先由美貌发生，随后扩展到好感和肉体欲望上去。休谟说，性爱或许是人的灵魂中最细致的情感，是最常见的一种爱。

休谟还认为，虽然骄傲与谦卑、爱与恨这两组情感在其他许多点上都互相符合，但却有一种明显的差异，即爱和恨的两种情感永远跟随着有慈善和愤怒的情绪与它们结合着。他认为这种差异是因为骄傲和谦卑只是灵魂中的纯粹情绪，并不伴有任何欲望，并不直接刺激起我们的行动。但是爱和恨本身并不是自足的，也不停止在它们所产生的那种情绪中，而是把心灵带到更远的对象上。爱永远跟随着有一种使所爱者享有幸福的欲望，以及反对他受苦的厌恶心理；恨永远跟随着有希望所恨者受苦的欲望，以及反对他享福的厌恶心理一样。我们爱任何人，就不能不希望他幸福；我们恨任何人，就不能不希望他受苦。

休谟接着说，根据我们对别人的爱或恨而希望他得到幸福或苦难的那个欲望，虽然是我们天性中所赋有的一种随意的、原始的本能，可是我们在许多场合下发现它们有被仿效的情形，并可以由次生的原则发生。怜悯是对他人苦难的一种关切，我们甚至对陌生人、对那些与我们完全无关的人也发生怜悯；恶意是我们在不受他人侮辱或侵害时，对他们的苦难和不幸发生一种喜悦。休谟认为，这种怜悯的感情是和慈善相类似的希望他人幸福和厌恶他人遭难的心理，恶意则是与愤怒相类似的希望他人不幸和厌恶他人幸福的心理。因此，怜悯就与慈善相关联，而恶意就与愤怒相关联。由于慈善借一种自然的和原始的性质与爱发生联系，而愤怒又借同样的性质与恨发生联系，所以怜悯和恶意的情感就是借这种连锁而与爱和恨联系起来的。

4. 美与丑

按照休谟的区分，与骄傲和谦卑、爱和恨等比较猛烈的情绪或情感比较起来，对于行为、著作和外界对象的美和丑的所有的感觉，属于反省印象中比较平静的那一类情绪或情感。不过休谟承认这种区分并不是很精确的，而且事实上它们彼此间是互相渗透和影响的。所以，休谟在分析骄傲和谦卑、爱和根等情感的同时，也分析探讨了美学方面的问题，并按照"哲学的精密性"的精神，发展和完成了在当时的英国颇为流行的感觉主义的美学。现代英国著名美学家和哲学家鲍桑葵（Bernar Bosanquet，1848—1923 年）曾说，休谟对于美的问题提出的见解"在事实上具有很大的价值"，应该"给予着重的注意"。

感觉主义美学建立在英国传统的经验主义哲学的基础之上。在休谟之前，这种美学观点已经有了相当的发展。从约翰·洛克开始，英国的哲学家们赋予感性知觉以重大的意义，并且克服了他们那个时代具有典型特征的理性主义美学。在洛克之后，莎夫茨伯利认为我们的善和美的观念是有感性基础的，善和美来自奠定于人本身的那种道德感。他认为，艺术的真正目的是要按照得自感官知觉的形状，在心灵面前，展现观念和情操，因为有训练的眼睛和耳朵是美与不美的最后的裁判官。在休谟的同时代人中，埃德蒙·柏克（Edmond Burke，1729—1797 年）认为，由于一切感觉都来自经验，而所有人的感官都是一样的，所以一切人，不论其社会地位如何，对于美、崇高的观念在原则上都是相同的。休谟的老朋友亨利·霍姆则更多地关注审美知觉问题，他认为审美知觉必须具备两条原则：一方面是单纯和与它有关的准确性、秩序、合比例性，另一方面是多样性和印象的更替。前者和后者都保证为审美知觉提供最良好的条件。

在英国的经验派哲学家中，休谟是最笃好文艺，并最关心文学艺术和美学问题的人。在他看来，亚里士多德以后的批评家们对艺术和美学问题所发的空论甚多，而所得到的成就甚小，其原因在于没有用"哲学的精密性"来指导审美趣味。在他的情感学说中，他力图依据他的"人性科学的第一条原则"，把"哲学的精密性"带到美学领域里来，并确定一种人们审美趣味的普遍标准。

我们在前面提到，休谟把对于行为、艺术作品和外界对象的美与丑的所有感觉，归之于反省的印象，而反省的印象最终都是来自感觉印象的，因此他认为，所谓美与丑并不是事物本身的一种属性，而是某种形状在人心上所产生的效果，是人的一种主观印象，这种效果是由于"人心的特殊构造"而产生的。他举例子说，幽克立特曾经充分说明了圆的每一性质，但是不曾在任何命题里说到圆的美。理由是明显的，美并不是圆的一种性质。美不在圆周线的任何一部分上，这圆周线的部分和圆心的距离都是相等的。他说："美只是圆形在人心上所产生的效果，这人心的特殊构造使它可感受这种情感。"如果你要在这圆上去找美，无论用感官还是用数学推理在这圆的一切属性上去找美，你都是白费气力。休谟宣称：

　　"如果我们考察一下哲学或常识所提出来用以说明美和丑的差别的一切假设，我们就将发现，这些假设全部都归结到这一点上：美是［对象的］一些部分的那样一个秩序和结构，它们由于我们天性的原始组织、或是由于习惯、或是由于爱好，适于使灵魂发生快乐和满意。这就是美的特征，并构成美与丑的全部差异，丑的自然倾向乃是产生不快。因此，快乐和痛苦不但是美和丑的必然伴随物，而且还构成它们的本质。"

　　因此，美就是某一"秩序和结构"在我们心灵上所引起的快乐的感情，丑则是在我们心灵上所引起的痛苦的感情。而且产生痛苦和快乐的能力既然是在这种方式下成为美和丑的本质的，所以这些性质的全部效果必然都是由感觉得来的。休谟说：

　　"美并不是事物本身里的一种性质。它只存在于观赏者的心里，每一个人心见出一种不同的美。这个人觉得丑，另一个人可能觉得美。每个人应该默认他自己的感觉，也应该不要求支配旁人的感觉。要想寻求实在的美或实在的丑，就像想要确定实在的甜与实在的苦一样，是一种徒劳无益的探讨。"

　　由于美与丑是对象引起的人们快乐和痛苦的感情，所以在涉及美和丑之类情形之下，人心并不满足于巡视它的对象，按照它们本来的样子去认识它们，而且还要感到欣喜或不安、赞许或斥责的情感作为巡视的后果，而这种情感就决定人心在对象上贴上"美"或"丑"、"可喜"或"可厌"的字眼。"很显然，这种情感必然依存于人心的特殊构造，这种人心的特殊构造才使这些特殊形式依这种方式起作用，造成心与它的对象之间的一种同情或协调"。休谟强调，"美与价值都只是相对的，都是一个特别的对象按照一个特别的人的心理构造和性情，在那个人心上所造成的一种愉快的情感。"

　　不过，虽然美只存在于观照事物者的心灵里，它必然依存于人心的特殊构造，但它不能脱离审美主体之外的某种外在的"秩序和结构"。这种外在的秩序和结构正好适应了我们心灵中的某种需要或状况，我们的心灵才升起了美的感受。休谟说，虽然美和丑不是事物的性质，而是完全属于感觉，但同时也须承认，事物确有某些属性，是由自然安排得恰好适合于产生那些特殊感觉的。这样看来，产生美的感受的原因就有两个方面，一是外在对象的某种"秩序和结构"、"形式或性质"，二是"人性的本来的构造"或"心理器官或功能"。这两方面的因素必须协调合作，才能产生审美的快感。

　　休谟认为，外在对象的"秩序和结构"对心灵的适应性，可以有两种方式。一种是它对审美主体有某种"效用"，正是因为它对我有用有益，我才认为它是美的。美给予人的快感大部分是从便利或效用的观念中产生的。例如在一种动物方面产生体力的那个体形是美的；而在另一种动物方面，则表示轻捷的体形是美的。一所宫殿的式样和方便对它的美来说，正像它的单纯的形状和外观同样是必要的。同样，建筑学的规则也要求往顶应比往基较为尖细，这是因为那样一个形状给我们传来一种令人愉快的安全观念，而相反的形状就使我们顾虑到危险，这种顾虑是令人不快的。休谟还举了另外一个例子。他说，长满金雀花朵的一块平原，其本身可能与一座长满葡萄树或橄榄树的山一样美；但在熟悉两者的价值的人看来，却永远不是这样。不过这只是一种想象的美，而不是以感官所感到的感觉作为根据。肥沃和价值显然都与效用有关，而效用也与财富、快乐和丰裕有关。总之，休谟概括地说，房屋、桌椅、车马以及每一种工艺品，

"它们的美主要由于它们的效用而发生，由于它们符合于它们的预定的目的而发生；这是一条普遍的规则。"

休谟把效用观念和美感精确地联系起来，明确地断定美一般来说总是由于效用而起。但是他还认为，这种效用只牵涉所有人或直接关心对象的实际特性的人，旁观者只有借着同情才能发生兴趣。"同情"是外在对象的"秩序和结构"对心灵适应的另外一种方式。休谟所说的"同情"（sympathy）的意思是指设身处地分享分人的情感乃至分享分物的被人假想为有的情感或活动。现代的美学家们一般称作"同情的想象"。休谟认为，自然在一切人之间保持了一种很大的类似关系，我们在别人方面所观察到的任何情感或原则，我们也都可以在某种程度上在自身发现与之手行

的情感或原则。在心灵的结构方面是这种情况，在身体的结构方面也是这种情况。这种类似关系促使我们体会别人的情绪而欣然立即加以接受。这就是同情的本性。他说，"除了同情原则之外，不再有什么其他东西使我们尊重权力和财富，鄙视卑贱和贫困；借着同情的作用，我们才能体会富人与贫人的情绪，而分享他们的快乐与不快。财富给予其所有主以一种快乐；这种快乐通过想象传给旁观者，因为想象产生了一个在强力和活泼性方面都与原始印象相似的观念。这个愉快的观念或印象与爱、这个愉快的情感是联系着的。这个观念或印象来自一个能思想的、有意识的存在者，而这个存在者恰好是爱的对象。依照我的假设来说，情感就是由这种印象关系和观念的同一而发生的。"（在休谟看来，美感是同情作用的力量十分显著的例子。大多数种类的美都是由这个根源发生的：

　　"我们的第一个对象即使是一块无知觉、无生命的物
质，可是我们很少停止在那里，而不把我们的观点扩展
到那个对象对有感觉、有理性的动物所有的影响。一个
以其房屋或大厦向我们夸耀的人，除了其他事情以外，
总要特别注意指出房间的舒适，它们的位置的优点，隐
藏在楼梯中间的小室、接待室、走廊等等：显然，美的
主要部分就在于这些特点。一看到舒适，就使人快乐，
因为舒适就是一种美。但是舒适是在什么方式下给人快
乐的呢？确实，这与我们的利益丝毫没有关系；而且这
种美既然可以说是利益的美，而不是形象的美，所以它
之使我们快乐，必然只是由于感情的传达，由于我们对

房主的同情。我们借想象之力体会到他的利益，并感觉
到那些对象自然地使他产生的那种快乐。"

　　休谟所说的"同情"并不只限于人，也可以推广到无生命的
东西，如前面提到的，建筑学的规则要求柱顶比柱基较为尖细，
这样就令人起安全感，反之就会使人产生危险感，由于同情的影
响，先想到对象的安全或危险，然后观者自己也随之起快感或痛
感。他还举例说，绘画中有一条最为合理的规则，就是；把各个
形象加以平衡，并且把它们非常精确地置于它们的适当的重心。
一个姿势不平衡的形象令人感到不愉快，因为这就传来那个形象
的倾倒、伤害和痛苦的观念；这些观念在通过同情作用获得任何
程度的强力和活跃性时，便会令人痛苦。同样，人体之美的主要
部分就是健康和精力充沛的姿态以及表示体力和活泼的肢体结构。
这个美的观念，除了根据同情作用以外，是不能加以说明的。
　　休谟不仅分析了美与丑的本质以及审美情感的原因等问题，
而且讨论了审美趣味标准问题，实际上后一问题正是他的美学思
想的中心问题。所谓审美趣味就是鉴赏力或审美的能力。按照休
谟关于美的本质的思想，美不是事物本身的一种性质，它只存在
于观赏者的心灵里。所以，审美趣味用从心情借来的色彩去渲染
一切自然事物，在一种意义上形成一种新的创造。由于审美趣味
涉及想象，而想象又凭借情感指使，所以审美趣味带有很大的主
观性和相对性。休谟说，数学家对维吉尔的史诗不感兴趣，他所
感到的乐趣只是按地图来考察史诗中的主角的航程，他可以完全
懂得诗中的拉丁字，因而对全诗可以有一种明确的观念，所以他
懂得这部诗中的一切，但是他却不懂得它的美；因为诗的美，恰

当地说，并不在这部诗里，而在读者的情感或审美趣味中，如果一个人没有领会这种情感的敏感，他就一定不懂得诗的美，尽管他也许具有神仙般的学术知识和理解力。在休谟看来，造成人们在审美趣味方面的分歧的原因有两种情况，一个是个人的气质不同，另一个是当代和本国的习俗与看法。在这两种情况下，一定程度的看法不同是不可避免的。

不过，休谟认为，不论审美趣味有多么大的分歧，毕竟还有一种普遍的尺度，人与人在这方面还是显出基本的一致性。他说：

"尽管趣味仿佛是变化多端，难以捉摸，终归还有些普遍性的褒贬原则；这些原则对一切人类的心灵感受所起的作用是经过仔细探索可以找到的。按照人类内心结构的原来条件，某些形式或品质应该能引起快感，其他一些引起反感；如果遇到某个场合没有能造成预期的效果，那就是因为器官本身有毛病或缺陷。发高烧的人不会坚持自己的舌头还能决定食物的味道；害黄疸病的人也不会硬要对颜色作最后的判断。一切动物都有健全和失调两种状态，只有前一种状态能给我们提供一个趣味和感受的真实标准。"

"趣味的普遍原则是人性皆同的，如果不同的人作出不同的判断，一般总可在鉴别力的缺陷和败坏里找到根源，产生的原因可能是偏见，或缺乏训练，或不够敏感；最后终归还可以举出正当理由肯定一种趣味，否定另一种趣味。"

休谟特别强调寻求一致的审美趣味标准的重要意义。在他看来，如果能找到趣味的一般标准，就有可能对艺术和美作出具有普遍意义的真正的判断。他说，我们在寻求审美趣味的标准即在寻求一种能把人们各种不同的感觉调和起来的标准，或者说至少应找到某种解决办法，以便使褒贬某种感觉成为可能。但是，怎样才能找到审美趣味的这一标准呢？艺术发展的经验证明，对艺术的真知灼见是极为罕见的。通常妨碍这种真知灼见的是歪曲人们天赋情感和妨碍人们找到审美趣味的普遍标准的偏见。偏见既败坏智力活动，也损害高尚的情趣，必须有高明的见识才能抑止偏见。休谟认为，寻求审美趣味普遍标准的任务，只能由学识渊博的评论家来解决：

"只有卓越的智力加上敏锐的感受，由于训练而得到改进，通过比较而进一步完善，最后还清除一切偏见——只有这样的批评家……才能当之无愧。这类批评家，不管在哪里找到，如果彼此意见符合，那就是趣味和美的真实标准。"

五、人的道德：起源和准则

1. 情感与道德

在休谟的人性科学的体系中，第三个组成部分是关于人的道德的学说。道德学是他在知性和情感学说中提出的原则的推广和发挥，也是对前面关于知性和情感所作的论述的解说和证实。不仅如此，休谟还认为，关于道德的推理和判断，比起其他论题来，对于人生和社会具有更大的实际意义，并且会使关于人的哲学体系获得新的力量。他说：

> "道德比其他一切是更使我们关心的一个论题：我们认为，关于道德的每一个判断都与社会的安宁利害相关；并且显而易见，这种关切就必然使我们的思辨比起问题在很大程度上和我们漠不相关时，显得更为实在和切实。

休谟关于道德的学说，和他的情感学说一样，也是建立在他的知性学说的基础上，以他提出的"人性科学的第一条原则"即

关于人的知觉、关于印象和观念的学说为前提的。他认为，既然照前面已经说过的，心灵中除了它的知觉以外，永远没有任何东西存在；视、听、判断、爱、恨、思想等一切活动都归在知觉的名称之下，心灵所能施展的任何活动，没有一种不可以归在知觉一名之下；那么，知觉这个名词就可以同样地应用于我们借以区别道德善恶的那些判断上，一如它应用于心灵的其他各种活动上一样。赞许一个人，谴责一个人，都只是那么许多不同的知觉而已。从这一点上来看，休谟确是一位坚持在体系上首尾逻辑一致的严肃的哲学家，感觉论的原则和经验论的方法贯彻在他的哲学的各个方面。他自己就曾说："一个哲学家如果随着他所要说明的特殊现象，时时变换他的推理方法，而由一个原则转到它的相反的原则，那还合乎哲学家的身分么？"

休谟说，我们的一切道德善恶的判断都归于知觉，但知觉又分为印象和观念两类，那么，我们是借助我们的观念，还是借助于我们的印象，来区别德和恶，并断言一种行为是可以责备的或是可以赞美的呢？休谟的道德学研究即是从这个问题开始的。他要斩除一切不着边际的议论和雄辩，以求达到一种精确和确切的论述。

休谟认为，道德问题属于实践的领域，它所施于影响的，是我们的情感和行为。在日常生活中，人们往往受他们的义务的支配，并且在想到非义务时，就受其阻止而不去作某些行为，而在想到义务时，就受其推动而去作某些行为。但是，人的理性是完全没有主动力的，它只是观念的比较和观念关系的发现，不涉及事实的领域，所以永远不能阻止或产生任何行为或情感，因而，对行为和情感有影响的道德准则不能由理性得来。"道德准则刺激情感，产生或制止行为。理性自身在这一点上是完全无力的，因此道德规则并不是我们理性的结论。"

休谟认为，人的道德问题不是理性推理的对象。因为理性的作用在于发现真伪。真或伪在于对观念的实在关系或对实际存在和事实的符合或不符合。因此，凡不能有这种符合或不符合关系的东西，也都不能成为真的或伪的，并且永远不能成为我们理性的对象。我们的情感、意志和行为就不具有符合或不符合关系，它们是原始的事实或实在，本身圆满自足，并不参照其他的情感、意志和行为。因此，它们就不能被断定为真的或伪的，违反理性或符合于理性。行为之所以有功，并非因为它们是符合于理性的；行为之所以有过，也并非因为它们违反了理性。休谟举例说，有人认为血族通奸在动物方面是无罪的，而人赋有理性官能，有足够的理性来发现它是罪恶的，所以同样行为对他来说立刻成为是罪恶的了。休谟认为，这一事例恰好证明理性对人类行为的软弱无力，因为在理性能够觉察罪恶之前，罪恶必然先已存在；因此，罪恶是独立于我们理性的判断之外的，它是这些判断的对象，而不是它们的结果。"动物缺乏足够程度的理性，这或许阻止它们觉察道德的职责和义务，但是永不能阻止这些义务的存在，因为这些义务必须预先存在，然后才能被知觉。理性只能发现这些义务，却永不能产生这些义务。"

总之，休谟认为，道德上的善恶的区别不可能是由理性造成的；因为那种区别对我们的行为有一种影响，而理性单独是不能发生那种影响的。理性和判断由于推动或指导一种情感确是能够成为一种行为的间接原因；不过我们不会妄说，这一类判断的真伪会伴有德或恶。善恶问题是感情的对象，不是理性的对象。他说道：

  "当你断言任何行为或品格是恶的时候，你的意思只是说，由于你的天性的结构，你在思维那种行为或品格的时候就发生一种责备的感觉或情绪。因此，恶和德可以比作声音、颜色、冷和热，依照近代哲学来说，这些都不是对象的性质，而是心中的知觉；道德学中这个发现正如物理学中的那个发现一样，应当认为是思辨科学方面的一个重大进步，虽然这种发现也和那种发现一样对于实践简直没有什么影响。对我们最为真实、而又使我们最为关心的，就是我们的快乐和不快的情绪；这些情绪如果是赞成德、而不赞成恶的，那么在指导我们的行为和行动方面来说，就不再需要其他条件了。"

  这样看来，本节前面提到的那个问题，即道德准则是由印象还是由观念决定的问题，就是显而易见的了。德与恶既然不是单纯被理性所发现的，或是由观念的比较所发现的，那么我们一定是借它们所引起的某种印象或情绪，才能注意到它们之间的差别。因此，休谟说："道德宁可以说是被人感觉到的，而不是被人判断出来的。"

  那么，这些印象是什么性质的？它们是以什么方式对我们起作用的？休谟认为，这个问题也是显而易见的，我们借以认识道德的善恶的那些有区别作用的印象，只是一些特殊的痛苦或快乐。由德发生的印象是令人愉快的，由恶发生的印象是令人不快的。任何情景都没有像一个高贵和慷慨的行为那样美好，也没有任何情景像残忍好恶的行为那样更令人厌恶。任何快乐都比不上我们与所爱所敬的人在一起时所感到的那种愉快；正如最大的惩罚就是被迫和我们所憎恨或鄙视的人们一起生活一样。休谟写道；

"一个行动、一种情绪、一个品格是善良的或恶劣的，为什么呢？那是因为人们一看见它，就发生一种特殊的快乐或不快。因此，只要说明快乐或不快的理由，我们就充分地说明了恶与德。发生德的感觉只是由于思维一个品格感觉一种特殊的快乐。正是那种感觉构成了我们的赞美或敬美。我们不必再进一步远求；我们也不必探索这个快感的原因。我们并非因为一个品格令人愉快，才推断那个品格是善良的；而是在感觉到它在某种特殊方式下令人愉快时，我们实际上就感到它是善良的。这个情形就像我们关于一切种类的美、爱好和感觉作出判断时一样。我们的赞许就涵援在它们所传来的直接快乐中。"

休谟还说，德的本质就在于产生快乐，而恶的本质就在于给人痛苦：

"在说明恶和德的区别和道德的权利与义务的起源方面所提出来的最可能的假设就是：根据自然的原始结构，某些性格和情感在一经观察和思维之下，就产生了痛苦，而另外一些的性格和情感则在同样方式下刺激起快乐来。

不快和愉快不但和恶和德是分不开的，而且就构成了两者的本性和本质。所谓赞许一种性格，就是面对着这种性格感到一种原始的快乐。所谓谴责一种性格，也就是感到一种不快。因此，痛苦和快乐既是恶和德的原因，也就必然是它们一切结果的原因，……。"

既然道德的本质在于产生苦乐的感情，那么，它们必然与骄傲和谦卑、爱与恨的情感具有密切的联系。休谟指出，当一个事物呈现于我们之前，而且那个事物既对于这些情感的对象有一种关系，又产生了一种与这些情感的感觉相关的独立感觉，这时骄傲与谦卑、爱与恨就被刺激起来了。德和恶就伴有这些条件。德与恶必然在于我们自身或在他人身上，并且必然刺激起快乐或不快，因此，它们必然刺激起这四种情感之一。休谟认为，这或许是德和恶对心灵产生的最重大的作用。

总之，德和恶是被我们单纯地观察和思维任何行为、情绪或品格时所引起的快乐和痛苦所区别的。那么，接着的问题便是：这种苦乐是由什么发生的，它是由什么根源而发生于人类心灵中的呢？

2. 自然的德与人为的德

休谟在确定了人的道德不是理性的对象、而是情感的对象，德与恶的本质即在于快乐或痛苦的感觉这一基本原则之后，便着手考察这样的问题，即为什么任何行为或情绪在一般观察之下就给人以某种快乐或不快？也就是上文提到的，这种快乐或不快是由什么根源而发生于人类心灵中的？借以揭示人的道德的真正起源。

　　休谟区分了"自然的德"和"人为的德"。所谓"自然的德"，是不受人为的因素即目的或意向的影响，仅仅由心灵对快乐的趋向和对痛苦的厌恶的自然感情所决定；所谓"人为的德"，乃是由于应付人类的环境和需要所采用的人为措施或设计，由人们的间接情感所决定。对"人为的德"和"自然的德"的区分以及对二者和二者的关系的分析，是休谟探讨善恶的起源和道德的评价标准的基础，也是他的道德学说的主要内容。

　　如前所说，道德上的区别完全依靠于某些特殊的苦乐感。休谟认为，这一点是由人类心灵的自然本性所决定的。他说，人类心灵的主要动力或推动原则就是快乐或痛苦；当这些感觉从我们的思想和感情中除去以后，我们在很大程度上就不能发生情感或行为，不能发生欲望或意愿。苦和乐的最直接的结果就是心灵的倾向活动和厌恶活动；这些活动又分化为意愿，分化为欲望和厌恶，悲伤和喜悦，希望和恐惧，这些变化决定于快乐或痛苦的情况的改变，决定于它们变得很可能或很不可能实现，变得确定或不确定，或是被认为目前不能为我们所获得等等的情况。从这种苦乐感，我们就确定了区别道德上善恶的标准。不论是我们的或其他人的什么心理性质，只要在考察起来或反省起来的时候给予我们一种快乐，这种性质自然是善良的，而凡给我们以不快的任何这种性质就是恶劣的。休谟认为，这种根源于人的心灵的知觉的、普遍必然的道德或恶便是"自然的德"或"自然的恶"。

　　人的趋乐避苦的本性使人致力于个人的幸福。按照休谟的说法，个人的幸福包括三个方面的内容，一是我们内心的满意，二是我们身体的外表的优点，三是对我们凭勤劳和幸运而获得的所有物的享用。他认为，在这三个方面，"在我们原始的心理结构中，我们最强烈的注意是专限我们自己的。""自私是和人性不可分离的，并且是我们的组织和结构中所固有的"。因而自私是人的最重大的自然性情。

但是，休谟指出，虽然从人的本性来说是自私的，但人只有依赖于社会才可以获得个人的幸福。自然赋予人类以无数的欲望和需要，却只给人以薄弱的手段。唯有社会使个人的这些弱点得到了补偿。在社会状态中，人的欲望虽然时刻在增多，可是人的才能却也更加增长。借着协作，我们的能力提高了；借着分工，我们的才能增长了；借着互助，我们就较少遭到意外和偶然事件的袭击。社会就借着这种附加的力量、能力和安全，才对人类成为有利的。但是为了组成社会，就需要人们觉察到这些利益。而人的自私的情感是不适宜社会生活的。特别是财产占有的不稳定和它们的稀少，往往成为社会动乱的主要根源。因此，社会全体成员缔结协议，使这些财物的占有得到稳定，使每个人安享他凭幸运和勤劳所获得的财物。这样，也就产生了正义和非义的观念，产生了财产权、权力和义务的观念。我们的财产只是被社会法律、也就是被正义的法则所确认为可以恒常占有的那些财物。休谟说：

> "协议只是一般的共同利益感觉；这种感觉是社会全体成员互相表示出来的，并且诱导他们以某种规则来调节他们的行为。"

> "人们既然凭经验发现，他们的自私和有限的慷慨，

如果自由地进行活动，会使他们完全不适合于社会，同时他们又已观察到，社会是满足那些情感的必需条件；所以他们自然就乐于把他们置于那些使人与人交往更加安全、更为方便的规则的约束之下。"

因此，从根本上来说，正义的观念仍然来自人的自私的情感；使我们确立正义法则的乃是对于自己利益和公共利益的关切；而使我们发生这种关切的并不是任何观念的关系，乃是我们的印象和情绪。不过，产生这种正义感的那些印象不是人的心灵自然具有的，而是发生于人为措施和人类协议。在实际生活中，任何正义的行动都会维持社会的安宁，从而引起我们的愉快；任何非义的行为都会使我们受到间接或直接的侵害，从而使我们感到不快。这样，道德的善美的感觉就随着正义和非正义而发生了。这也就是所谓"人为的德"的起源。休谟指出：

"总而言之，我们应当认为正义和非义的这种区别有两个不同的基础，即利益和道德；利益之所以成为这个基础，是因为人们看到，如果不以某些规则约束自己，就不可能在社会中生活；道德所以成为这个基础，则是因为当人们一旦看出这种利益以后，他们一看到有助于社会的安宁的那些行动，就感到快乐，一看到有害于社会的安宁的那些行动，就感到不快。使最初的利益成立的，乃是人类的自愿的协议和人为措施；因此，在这个范围内来说，那些正义法则应当被认为是人为的。当那个利益一旦建立起来、并被人公认以后，则对于这些规则的遵守自然地并自动地发生了一种道德感。"

　　休谟还认为，虽然我们的正义和非义的感觉不是由自然得来的，而是人为地由教育和人类的协议发生的，但它并不是任意的。这种"人为的德"一旦确立起来，就会成为一种外在的约束力，使人自然地服从这些道德原则，并产生某种善良行为的动机和义务感。当任何善良的动机或原则是人性中共有的时候，一个感到心中缺乏那个动机的人会因此而憎恨自己，并且虽然没有那种动机，而也可以由于义务感去作那种行为，以便通过实践获得那个道德原则，或者至少尽力为自己掩饰自己的缺乏那个原则。休谟举例说，假如一个人借给我一笔钱，条件是我必须在几天以内归还他这笔钱；在到了约定的期限之后，他索还那一笔钱。那么我就问，我有什么理由或动机要还这笔钱呢？人们或许说，假如我有丝毫的诚实或责任感和义务感，那么我对于正义的尊重以及对于奸诈和无赖行为的憎恨，便足以成为我的充分理由。休谟认为，这种责任感和义务感并不是自然的，而是人为的，因为在人的未开化状态下这种回答会被认为是完全不可理解的，但对一个在文明状态中而又依照某些训练和教育培养出来的人来说，这个答复无疑是正确的、满意的。对于后者来说，对正义的尊重便是他自然的行为准则。

　　休谟还认为，虽然自然的德倾向自私，人为的德倾向为他，但二者并非是对立不可调和的。因为，一方面，人为的德和自然的德一样，都是产生于人的情感。不论这些道德原则、正义和非义的区别以及责任感和义务感等等对人的情感可以加上什么约束，它们总是那些情感的真正产物，并且只是满足情感的一种更为巧

妙、更为精细的方法。因为起于人的自然情感的利己心，当它在自由活动的时候，并不促使我们作出诚实的行为，而是一切非义和暴行的源泉，人如果不矫正并约束那种欲望的自然活动，他就不能改正那些恶行。另一方面，人的许多自然的德都有一种导致社会福利的倾向，使我们脱出自我的圈子，对社会公益发生广泛的关切。在实际的日常生活中，我们所自然地赞许的德行，大多数具有趋向于人类福利的性质，并使一个人成为社会中的一个合适的成员，而我们自然地谴责的那些行为，则具有一种相反的倾向，并且使我们和这样的人的交往成为危险的或不愉快的。休谟认为，这种赞许和谴责的情绪是自然的。人们如果没有自然的赞许和责备的情绪，谁也不可能刺激起这种情绪来。我们对于道德品质的赞许是完全从一种道德的鉴别力，由审视和观察某些特殊的性质或性格时所发生的某种快乐或厌恶的情绪而得来的。所以，休谟说，在另一种意义上来说，

"人类心灵中任何原则既然没有出道德感更为自然的，所以也没有一种德比正义更为自然的。人类是善于发明的，在一种发明是显著的和绝对必要的时候，那么它也可以恰当地说是自然的，正如不经思想或反省的媒介而直接发生于原始的原则的任何事物一样。正义的规则虽然是人为的，但并不是任意的。称这些规则为自然法规，用语也并非不当，如果我们所谓'自然的'一词是指任何一个物类所共有的东西而言，或者甚至如果把我们这个词限于专指与那个物类所不能分离的事物而言。"

那么，自然的德与人为的德是如何统一起来，从而形成社会的普遍必然的道德标准呢？以自私为特征的个人的自然情绪何以会对以公益为基础的人为的德表示尊重和执行呢？休谟认为，这完全是根植于人性中的一条很显著的原则，即"同情"。他说，同情是人性中一个很强有力的原则，它对我们的美的鉴别力有一种巨大的作用，也产生了我们对一切人为的德的道德感。

3. 同情是人性中的强有力原则

我们还会记得，休谟在他的情感学说中，就曾提出了"同情"的主张，并用它来说明我们的情感是如何发生的。他说，"当我们观察外在对象时，……同情对于我们的美感有一种巨大的影响。"现在，在他的道德学说中，休谟又进一步详细考察了同情问题，把它作为道德区别的主要源泉。

我们在上文中曾提到，休谟所说的同情，是指设身处地分享别人的情感。在他看来，这种同情起源于人的心灵的类似关系。他认为人的心灵就像是互相反映的镜子，在其感觉和作用方面都是类似的。凡能激起一个人的任何情感，也总是别人在某种程度内所能感到的。正像若干条弦线均匀地拉紧在一处以后，一条弦线的运动就传达到其余条弦线上去；同样，一切情感都由一个人迅速地传到另一个人，而在每个人心中产生相应的活动。当我在任何人的声音和姿态中看出情感的效果时，我的心灵就立刻由这些效果转到它们的原因上，并且对那个情感形成那样一个生动的观念，以至很快就把它转变为那个情感自身。同样，当我看到任何情绪的原因时，我的心灵也立刻被传递到其结果上，并且被同样的情绪所激动。当我亲自看到一场较为可怕的外科手术时，那么甚至在手术开始之前，医疗器具的安排，绷带的放置，刀剪的烘烤，以及病人和助手们的一切焦急和忧虑的表情，都确实会在我的心灵上发生一种很大的效果，刺激起最强烈的怜悯和恐怖的情绪。休谟指出，别人的情感都不能直接呈现于我们的心中，我们只是感到它的原因或效果。我们由这些原因或效果才推断出那种情感来，因此，产生我们的同情的，就是这些原因或结果。

休谟认为，我们的美感和道德感都是依靠于这个原则的。当任何对象具有使它的所有者发生快乐的倾向时，它总是被认为美的；正像凡有产生痛苦的倾向的任何对象是不愉快的、丑陋的一样。例如一所房屋的舒适，一片田野的肥沃，一匹马的健壮，一艘船的容量、安全性和航行迅速，就构成这些各别对象的主要的美。在这里，被称为美的那个对象只是借其产生某种效果的倾向，使我们感到愉快。那种效果就是某一个其他人的快乐或利益。我们和一个陌生人既然役有友谊，所以他的快乐只是借着同情作用，才使我们感到愉快。因此，我们在任何有用的事物方面所发现的那种美，就是由于同情的原则发生的。同样，没有一种德比正义更被人尊重，没有一种恶比非义更被人厌恶；而且在断定一个性格是和蔼的或可惜的时候，也没有任何性质比这两者的影响更为深远。但是正义之所以是一种德，只是因为它对于人类的福利有那样一种倾向，并且也只是为了达到那个目的而作出的一种人为的发明，是为谋求社会利益的人类设计。休谟指出，既然只有在那个目的能使人愉快时，达到目的的手段才能令人愉快，而且和我们自己没有利害关系的社会福利或朋友的福利，既然只是借着

同情作用才能使我们愉快的，所以，"同情是我们对一切人为的德表示尊重的根源。"休谟写道：

> "同情是人性中一个强有力的原则。……当同情单独发生作用，而无任何其他原则与之协作时，它就有足够的力量，可以给我们以最强的赞许情绪；正如在正义、忠顺、贞操和礼貌等方面就是那样。我们可以说，在大多数的德方面，都发现有使同情发生作用的一切必要条件；这些德大部分都有促进社会福利的倾向，或是有促进具有这些德的人的福利的倾向。如果我们比较一下所有这些条件，我们将不会怀疑，同情是道德区别的主要源泉；……正义之所以得到赞许，确实只是为了它有促进公益的倾向：而公益若不是由于同情使我们对它发生关切，对我们也是漠不相关的。对于凡有促进公益的相似倾向的其他一切的德，我们也可以作同样的假设。那些德所以有价值，都一定是因为我们同情那些由它们而获得任何利益的人，正如那些有促进本人福利倾向的德，是由于我们对他的同情而获得它们的价值一样。"

根据这种同情的原则，休谟分析了利己与利他的矛盾。在他看来，广泛的同情是我们的道德感所依靠的根据，而自私则是人类自然具有的性情，并且是正义和财产权的前提。那么，以自私为本性的个人如何能产生对社会和他人的广泛同情呢？休谟认为这是由于心灵的想像的作用。当任何具有给予他人以不快的倾向

的对象呈现出来时，我对那个人的同情就会使我发生一种痛苦和
谴责的情绪，虽然我也许不愿意为了满足他起见，牺牲我的任何
利益或抑制我的任何情感。一所房屋可以因为设计得不合于房主
的舒适，而使我感觉不愉快，可是我也许不肯出一个先令来改建
立。情绪必须触动内心然后可以控制我们的情感，不过情绪无须
超出想像以外，就能影响我们的鉴别力。当一所房屋在眼中看来
显得笨拙和摇动时，它就是丑的和个人不快的，即使我们完全相
信工程是坚固的。引起这种谴责情绪的是一种恐惧，不过这种情
感和我们不得不站在我们所真正认为摇动的一堵墙下面时所感到
的那种情感并不一样。

　　休谟认为，正是人性中的这种同情原则，使我们既爱自己，
又能尊重他人和社会的利益。他说；"当任何性质或性格有促进
人类福利的倾向时，我们就对它表示高兴，加以赞许；因为它呈
现出一个生动的快乐观念来；这个观念通过同情来影响我们，而
且其本身也是一种快乐。"（他举例说，有一个人在他的社会品质
方面并无显著的缺陷，但他的主要优点是他治事机敏，借此他能
够使自已脱出最大的困难，并且能够以特有的灵活和精明处理极
度微妙的事务。我对这个人立刻发生了一种尊重，和他结交对我
是一种愉快。在这种情形下，使我感到愉快的那些品质都被认为
是对那个人有用的，并且有促进他的利益和快乐的倾向。这些品
质只被认为是达到目的的手段，并且随着其适合于那个目的的程
度而使我有不同程度的愉快。因此，那个目的必然是令我愉快的。
但是那个目的因为什么而能令人愉快呢？那个人是一个陌生人，
我对他没有任何关切，也没有任何义务，他的幸福比任何一个人
的幸福与我并无更大的关系。休谟认为，他的幸福只是通过同情

来影响我。"由于这个原则，所以每当我发现他的幸福和福利时，……我就深深地体会到它，因而它就使我发生一种明显的情绪。凡有促进这种幸福的倾向的那些品质的出现，都对我的想像有一种愉快的结果，并引起我的敬爱。"

同情不仅影响我们的情感，使我们脱出自我的圈子，关心社会和他人的利益和苦乐，同时也影响我们的判断力，在或大或小的程度上接受由别人的同意和赞许所推荐给我的那个意见，甚至他人对于自己的价值的意见，也使我照他自己看待自己的观点来看待他。照休谟的说法，人类灵魂的交感是那样地密切和亲切的，以至任何人只要一接近我，他就把他的全部意见扩散到我心中。虽然我对他的同情不至于完全改变我的情绪和思想方式，但至少会影响我的思想的顺利进程。

休谟把同情原则作为区别恶与德的标准的源泉。在他看来，一个人如果具有对于与他交往的是直接愉快的某些性质，我们便对他加以赞许，虽然我们自己从未由这些性质得到任何快乐。一个人如果具有对于自己是直接愉快的某些性质，我们也赞许这个人，虽然那些性质对世界上任何人都无助益。休谟认为，之所以如此，是因为善与恶的区别取决于人的快乐和痛苦的情绪。这种快乐和痛苦可以发生于四种不同的根源：我们一观察到一个性格自然地对他人是有用的，或对自己是有用的，或对他人是愉快的，或对自己是愉快的，就都感到一种快乐。休谟指出：

"在判断性格的时候，各个观察者所视为同一的唯一利益或快乐，就是被考察的那个人自己的利益或快乐，或是与他交往的人们的利益和快乐。这一类利益和快乐触动我们的程度，虽然比我们自己的利益和快乐要较为微弱，可是因为它们是恒常的、普遍的，所以它们甚至在实践中也抵消了后者，而且在思辨中我们也只承认它们是德性和道德的唯一标准。只有它们，才产生了道德的区别所依据的那种特殊的感觉或情绪。"

休谟认为，用同情的原则，用对人类的广泛的同情来说明人们的道德感的来源和准则，不仅具有坚实的论证，因而是合理的，而且一定会受到世人的普遍欢迎。他写道：

"一切爱好德的人……，在看到道德的区别起源于那样一个高贵源泉，而且那个源泉又使我们对人性中慷慨和才具具有正确的概念时；他必然要感到高兴。我们只须对人事稍有认识，就可以看到，道德的感觉是灵魂中一个固有的原则，而且是心灵组织中所含有的一个最有力的原则。但是这个感觉在反省它本身时，如果又赞许它所由得来的那些原则，而在其起源和由来方面又发现一切东西都是伟大和善良的；那么这种感觉必然会获得新的力量。"

休谟认为，他的这种道德学说是他的人性科学中最重要和最有实践意义的部分。这种道德哲学虽然抽象，但对于实际的社会来说，就和解剖学对于画家一样，提供精确的知识和有益的帮助。它可以帮助我们形成关于德的幸福的正确概念，以及关于德的尊严的正确概念，并且可以使我们天性中的每个原则都乐于怀抱那个高贵的品质。休谟对自己的学说颇为自得，他说：

> "关于人性的最抽象的思辨，不论如何冷淡和无趣，却可以为实用道德学服务，并且使后一种科学的教条成为更加正确，使它的劝导具有更大的说服力量。"

六、人的宗教：理性和信仰

1. 对超自然的声讨

休谟在论及他的关于人性的科学的设想时曾经指出，自然宗教和数学、自然哲学等学科一样，也是在某种程度上依靠于人的科学。因为自然宗教不肯满足于把神的本性告诉我们，而且进一步把见解扩展到神对人类的意向，以及人类对神的义务。在休谟的哲学论著中，有大量的篇幅涉及到宗教问题。他对宗教起源和本质的分析，对超自然的神迹的声讨，以及对宗教神学论证的批判，构成了他的哲学思想的重要内容。在整个西方哲学史上，休谟也是一位阐发了相当丰富的宗教思想的哲学家。

我们知道，休谟毕生所致力的，是要在经验科学的基础上建立一门全新的关于人性的科学，然而为什么他又要研究似乎与人性本身无直接关联的宗教问题呢？这是因为，自从中世纪确立了基督教万流归宗的地位以来，理性与信仰、人与神的对立。就一直是哲学家们深深思索的重要问题。到了休谟生活的时代，这个矛盾已经达到了相当尖锐的、非解决不可的程度。人的理性的解放，人性科学的建立，都必须以批判和否定传统基督教神学的贬

抑理性、推崇信仰的教条为前提。所以，休谟要致力于对人本身的研究，要建立一门全新的人性的科学，就不可能回避这个最具有时代敏感性的重大问题。

实际上，反宗教的情绪是 18 世纪启蒙运动的基本特点之一。在法国，以伏尔泰、狄德罗、霍尔巴赫等人为首的一大批启蒙思想家，从各个方面对基督教会势力和传统神学、经院哲学进行了尖锐激烈的批判，并且提出了彻底的无神论的主张，给宗教势力以相当沉重的打击。英国人的宗教批判虽然不如法国人那样激烈和尖锐，但却和法国人一样坚定和有力，并因时代久远而具有普遍的影响。18 世纪 20 年代，伏尔泰因受迫害而旅居英国，曾因看到宗教信仰普遍衰落的局面而震惊不已。伏尔泰说："在法国，我被认为太少宗教信仰；在英格兰，则被认为太多宗教信仰。"

在 17 世纪和 18 世纪初，自然神论运动在英国十分活跃。自然神论认为，神只是作为非人格的世界始因而存在，除此之外，世界则受自然规律的支配。他们只要求单独地信仰上帝，而将上帝作为自然的同义词，或笛卡儿、牛顿学说中的宇宙大机器的原始推动者。英国最著名的自然神论者约翰·托兰德（John Toland，1670—1722）是这一运动的主要代表人物。他反对任何教派的"通常的"宗教，反对所谓"积极的"宗教教义和仪式。他认为应当有一个以哲学和自然科学知识为基础的统一的"自然宗教"，这种宗教有自己的崇拜对象，崇敬真理、自由和健康；它也有自己的"圣徒"，即哲学家、科学家和文学家。理性是一切崇拜对象的最高权威。托尔德驳斥了那种认为神迹在本性上是和理性不相容的说法，认为任何神迹都不应违背理性，因为神迹必定是

某种自身可以理解而且可能的事情，真实的神迹必须是按自然规律产生出来。他反对他把神迹神秘化，反对滥用神迹，把神迹限制于理性所容许的范围之内。他说：我们主张理性是一切确实性的唯一基础；并且主张任何启示的东西，不论就其方式存在而言，都和日常的自然现象一样，不能摆脱理性对它的探究。"

　　自然神论在当时的英国社会中有很大的影响。实际上，它不过是摆脱宗教的一种简便易行的方法。18世纪初期召开的一次英国教士会议，曾拟定了一份正式的关于自然神论的报告，指出人民广泛的无信仰、不敬神，否认圣经的启示，视神迹如寓言，称教士为骗子。这份报告惊呼："宗教已经陷入了自然神论。"

　　休谟的宗教思想经历了一个发展的过程。起初他大体上是站在自然神论的立场上，对天启宗教展开批判的。后来他又进一步力图揭露宗教的起源和本质，之后又发展到批判曾赞同过的自然神论，逐步接近了无神论的主张。不过休谟对自然神论的批判，是反对它的理性主义学说，在声讨超自然的信仰主义和批判传统神学方面，他与自然神论者之间并没有根本的区别。在一定意义上说，休谟对宗教和神学的批判结束了自然神论的非宗教化运动。

　　休谟的宗教思想也是以他的经验主义哲学为基础的。他认为，我们唯一能认识的对象只是我们的知觉，在经验之外是否存在上帝那样的精神实体，和是否存在物质实体的问题一样，是不可能确切知道的。因为肯定它们的存在，就要超出感觉的范围以外，而这是不可能的。他指出：

"如果我们的愚昧可以作为排斥一种事情的一种正当理由，那我们正可以根据同样原则否认最高神明有任何能力，一如否认最粗重的物质有任何能力一样。我们不能了解最粗重的物质的作用，我们也一样不能了解最高神明的作用。构想运动起于冲击，果然比构想运动起于意志较为困难么？我们所知道的，只是我们在两种情形下的完全无知。"

休谟认为，既然理性对于了解神是无能为力的，我们就应该放弃对神的崇拜和信仰：

"当我们还不可能确定，是一神还是多神；我们赖以生存的这一神或多神是完善的还是不完善的，是从属的还是至高无上的，是死的还是活的；我们怎能信赖和信任他们呢？怎能对他们崇拜和礼拜？"

在这样一种看法的基础上，休谟展开了对超自然的声讨。他的这种声讨主要集中在两个方面：一方面地批判了历史上教会宣扬的所谓"神迹"，另一方面他系统地驳斥了当时流行的几种宗教论证。这两个方面实际上是近代基督教的主要支柱。

所谓"神迹"，通常是指一种不可能用有限的因果作用来说明的事件，它似乎是最高无限原因或上帝本身的一种直接干预，其目的在于证明上帝在世界上的存在和他的意志。教会通常通过所谓救世主耶稣降生后显示圣灵、到人间施行善事，解救人间苦难，如使盲者复明、瘫痪人站起、死人复活的故事，来宣扬迷信，证明宗教信仰的权威。自文艺复兴时代以来，许多哲学家都把批判神迹作为重要的任务。在这方面，法国哲学家蒙田（Michel de Montaisne，1533—1592 年）、培尔（Pierre Bayle，1647—1706 年）和梅利叶（Jean Meslier，1664—1729 年）等人对神迹的揭露和批判具有重要的意义。在英国，洛克和托兰德等人也对教会宣扬的神迹表示了怀疑主义式的否定态度。不过洛克和托兰德的批判是有所保留的，他们并不是完全否定神迹或神迹中的"天启真理"，只是主张要用理性来加以判断。休谟则在前人的基础上，更深入彻底地对神迹进行了揭露和批判，并从根本上予以否定。德国哲学家大卫·弗·施特劳斯（David Friedrich strauss，1808—1874 年）曾经指出："在怀疑主义和批判主义哲学家中，休谟的神迹论特别具有普遍的说服力，以致可以认为这个问题实质上已经解决了。"

休谟认为，一切宗教都是建立在神迹之上的。如果离开了神迹，任何人也就不会再信宗教了，只有理性并不足以使我们相信基督教的真实。但是，"一种神迹就是自然法则的破坏"，是违反自然发展程度的。一件神怪的事情必须有和它相反的一种恒常的经验同它反对，否则它就不配称为神迹。可是，一种恒常一律的经验既然是一个证明，因此，根据事情的本性来说，就有充分而直接的证明来反驳倒任何神迹的存在。"所以反驳这个神迹的证明（就事实的本性而论），正和由经验所可能得到的任何强有力的证明是一样充分的。"

根据经验论的原则，休谟否定了神迹的真实性。他认为，任何事物的实在性，只有依靠人们的感觉经验才能得到证实，而神迹是以传闻为依据，根本不是从人们亲自观察和感觉经验中得到

的。虽然捏造神迹的人们，也往往把神迹说得活灵活现，似乎是他们耳闻目睹的。但是，要想使我们充分相信关于神迹的证据，提出这些证据的人必须是有充分的教育和学问，有很大的声望并且是忠实的，而且他们证明的那些事情还必须是进行在人所共知的方式中和进行在世界著名的地方。具备了这些条件，人们才不会认为他们是在自欺或者是在骗人。但是，休谟指出，我们在全部历史中都不曾见过有一种神迹是被具有充分资格的多数人所证实的。

休谟还指出，一切超自然的神迹的传闻在无知的野蛮的民族中特别多。至于文明的民族如果也相信了这类传说，我们就会看到，那个民族一定是从他们的无知的野蛮的祖先那里接受来的。圣经中记载着许多怪异的神迹，而这本书恰恰是由一个野蛮而无知的民族提供给我们的，它是在这个民族更野蛮的时候写的，而且写的时候多半是在所叙述的事情发生好久以后，所记载的事情又有很多不一致的证据，仿佛只是各民族记载其起源时所述说的那些荒诞的话。因此，圣经上所记述的那些神迹是荒唐的，不可信的。不仅如此，休谟还指出，世界上存在着许多宗教，其中任何一个宗教所宣扬的神迹，其直接目的都只是为了建立那个神迹所从属的宗教信仰，因此，它也有同样的力量来诋毁其他宗教的神迹。这就是说，各个宗教中的一切神迹都可以认为是各种相反的事实，它们的证据都是互相反对的。任何一种证据也都有和它相反的无数见证。

休谟还从神迹与自然法则的对立来揭露神迹的危害。他认为，人们通过多次、长期、反复的经验观察，可以形成一种习惯的联想，在经验中"建立"自然法则，比如通过多次的知觉经验，我们可以知道一切人都要死亡，火会烧木头而又会被水所熄灭等等。所谓真实的东西，就是符合被人们经验所"建立"的"自然法则"的东西，而神迹正是违反了人类的"自然途径"，破坏了人们经验中的自然法则。休谟指出，在平常的推论中，总是认为我们未经验的对象和我们所经验过的对象相似，我们所见的最寻常的事情总是最可然的；而且在各种论证互相对立时，我们应当选取那些建立在最多数过去观察的论证上。这样一来，我们就会看到关于对神迹的信仰是不可取的，实际上并不存在神秘的或超自然的事情。他说：

> "我们正可以给神迹下一个精确的定义说，'所谓神迹乃是借神明的一种特殊意志，或借一种无形作用的干涉，对自然法则的破坏。'"

休谟认为，任何关于神迹的证据从来连"可然性"的地步也达不到，至于证明的地步，那是更达不到的。因为使人类证据得到权威的，只有经验，而经验又使我们相信自然的法则。"因此"，休谟指出，"我们就可以确立一个公理说，任何人类的证据都没有充分的力量来证明一个神迹，使它成为任何宗教系统的一个正当基础。"

关于神迹产生和传播的根源，休谟认为，这是由于它可以给人带来一种心理上的满足。由神迹而来的惊异和惊讶是快人意的情绪，它容易使人信仰那些事情的显著倾向，那种信仰则是由那些事情来的。由于神迹的信仰能使人产生快乐，所以人们即使认为神迹不会真的发生，但也乐于传播神迹。休谟认为，产生神迹

的另一个根源是人们的"虚荣心"和"自私自利的心理"。在这种心理的驱使下，狂热的宗教家便假冒能够解释过去、预言未来的"先知"，厚颜无耻地捏造和传播神迹，而"听众的轻信就增加了他的厚颜，他的厚颜也征服了他们的轻信。"

不过，休谟对消灭宗教神迹还是很乐观的。他认为，既然神迹是与自然法则对立的，那么，当我们听到关于神迹的传闻时，就可以用自然法则予以判断和否定，而且随着我们的经验知识的增加，随着"我们愈进于开明的时代，则这些荒诞的事情在每一页中就愈稀少起来。"

2. 神的存在无证明可言

休谟通过对所谓超自然的神迹的揭露和批判，指出了建立在对神迹的迷信基础上的宗教信仰是不可靠的。同样，他也揭露和批判了流行的宗教论证，指出了神的存在无可证明，任何关于神的存在的推论都是不可确定的。

宗教论证也是基督教的重要支柱之一。自从基督教神学产生以后，为基督教的教义和教条作理论上的论证便成了神学家和经院哲学家们的主要任务。早在 11 世纪，坎特帕雷大主教安瑟伦（Anselm of Canterbury，1033—1109 年）就提出了著名的关于上帝存在的"本体论证明"。13 世纪最著名的神学家托马斯·阿奎那（Thomas Aquina，1225—1274 年）提出了关于上帝存在的五个方面的论明，使宗教论证达到理论化系统化的水平。近代流行的自然宗教则提出上帝存在的"宇宙设计论证明"，为宗教信仰提供了新的理论支柱，在休谟生活的时代具有突出的影响。休谟对宗教理论的批判，主要集中在对当时流行的关于上帝存在的三种主要论证，即：自然宗教的"宇宙设计论"的论证；天启宗教关于上帝是"必然的存在"的先无论证；两派宗教从相反的角度共同主张的道德论证。天启宗教强调人生的痛苦、不幸驱使人皈依造物主；自然宗教强调人生的健康和幸福显示神的理性和仁慈。

"宇宙设计论"认为，自然界的完美和谐是与人类的作品极为相似的，既然结果相似，根据一切类比的规律，我们就可以推论它们的原因也是相应的。人工作品的美妙是出于能工巧匠之手，宇宙自然事物之所以如此和谐而有秩序，也一定因为是由一个全智全能的上帝设计的，他的智慧是和人类的心灵和理智相似的。因此，从宇宙自然事物的存在，便必然推论出作为宇宙自然事物的设计者和原因的高超理智即上帝的存在。

休谟详细剖析了这种设计论证明。他认为，类比推论是从相似的原因推出相似的结果，或者从相似的结果椎出相似的原因。但设计论所说的"结果"与"结果"（即"宇宙自然事物"与"人工产品"）之间、"原因"与"原因"（即"上帝"与"人的智慧"）之间，并不存在这一相似关系。拿"结果"来说，"人工产品"例如房屋、船舶、机器等等都是由人工制造的，人的思想、智慧是产生这些产品的主动因，因此可以从一所房屋被一位设计师所设计，推断出另一部机器也必定有它的设计者；但是，对宇宙自然作物来说，思想、智慧等等，正像热或冷、吸引或排斥只是宇宙的某一种动因一样，它们仅仅是宇宙的动因或原则之一。因此把宇宙自然事物与人工产品相比拟，断言它们相似，这无疑是把仅仅适用于宇宙的一部分的法则推而广之，用于宇宙整体。在日常生活中，我们不能从一根头发的生长得到关于一个人生长的全部知识，我们当然也不能将仅仅适用于宇宙的一部分的法则推而广之，用于宇宙整体。

休谟进一步指出，不仅适用于宇宙的一部分的法则不能适用于宇宙整体，而且适用于宇宙这一部分的法则也不一定适用于宇宙的另一部分。地球上的人具有思想、智慧和理性，但是我们又有什么合理的根据来说其他行星的居住者也具有思想、理智、理性或具有与人类的这些能力相似的东西呢？自然在这个小小地球上的作用方式既然有如此极端复杂的变化，我们还能想像它会在广漠无垠的宇宙中永远摹拟它自己的同一的手法吗？假如思想只局限于这窄小的一角，并且甚至在这一角上的活动范围也如此有限，那么，我们有什么权利派它为万物的根本原因呢？

在休谟看来，我们认为宇宙自然事物与人工作品并不相似，还有另外一个理由。众所周知，我们是通过自己的感觉经验而知道人工作品是由人所设计和制造的，即通过经验，我们知觉到人工作品与人的思想、理智这两种现象"恒常结合"在一起，于是我们由其中一种现象的存在，习惯地联想到另一种现象的存在。也就是说，我们是根据先前对于同类事物的许多例子的归纳而推论一事物的原因的。但是，对宇宙自然事物却不能作出这样的联想和推断，因为我们凭借感觉经验根本无法知晓宇宙整体的构造、排列和秩序。休谟说："你能说明房屋构造与宇宙的成长有任何这样的相似点吗？你曾经看见过自然的元素第一次排列的状况吗？世界是在你的眼前构成的吗？你曾有机会看见这个现象的全部进程，从秩序的初次出现，直到秩序的最后完成吗？"休谟认为，在经验中体察到秩序、排列、或最后因的安排是来自造物设计这个原则，才能作为造物设计这个原则的证明。既然我们无法经验到宇宙的构成和宇宙自然事物的全部进程，那又怎么能够断定宇宙自然事物与人工产品相似，必有一个设计因呢？

　　休谟还认为，在设计论的推论中，不但作为结果的宇宙自然事物不能与人工产品相比拟，而且作为原因的上帝也不能与人的智慧进行类比。他指出，按照传统神学的说法，上帝具有完全不变性和单纯性，上帝在空间上的每一点，在时间上的每一瞬间，都无所不在，没有增加，没有减少，没有变化，完全固定在一个单纯、完善的状态中。可是，人心却与此不同，人的思想是变动的，不定的，一瞬即逝的、连续的、混杂的。人心的情绪往往随处境变化而变化，表现出极为纷繁的复杂性。休谟说，设计论把上帝与人的思想、智慧相比拟，看来似乎是论证上帝的权威，实际上却是滥用名词，将我们自身作为全宇宙的模型。他说，要是这样的推论能够成立，那么，我们就可能用同样的推理提出许多不同的宇宙来。假如一个行星上居住的全是蜘蛛，那么，它们就会认为世界起源于一个无限大的蜘蛛，就如同我们这个星球上将万物起源归于设计和理智一样。

　　总而言之，我们不能从经验来证明上帝。根据经验来推论上帝存在的"宇宙设计论"是完全站不住脚的。那么，天启宗教的先天论证能否证明上帝存在呢？所谓"先天的论证"是说，任何存在必须有一个它存在的原因或理由，而任何事物绝对不可能自己是自己的存在原因。宇宙既然存在，也就说明它必然有存在的原因。这一原因绝不可能是"外在的因"（因为已经假定外在因是不存在的），也不可能是"偶然因"（因为把原因归结为偶然

性，等于否定了原因），更不是"无物"（因为说原因是"无物"，等于承认结果从虚无中产生，这是说不通的），所以，宇宙存在的原因必须归结到一个必然存在的"存在"，他自己包含着他存在的理由，这个必然存在的"存在"就是上帝。休谟尖锐批驳了这种先天的论证，认为擅自用先天的论证来证明一个事物，这本身就是一个明显的错误。他指出：

> "先天的论证很少能使人非常信服，除非对于那些具有形而上学头脑的人们；他们习惯于抽象的推理，又从数学中发现智力常常可以透过晦暗并与初见的现象相违反，而导致真理，于是它们便将这同一的思想习惯转而用之于不应该用到的论题上面。其他的人，即使是明智的和最倾向于宗教的人，总觉得这样的论证具有某种缺陷。"

休谟认为，先天论证如果成立，必须具有一个先决条件，即所要证明的"那个事物的反面就蕴涵着一个矛盾"。例如在数学中，二乘二只能等于四而不能不等于四，这一判断就具备这一条件，因而是自明的真理。但如果超越了这一范围，把上述仅仅适用于数学的先天论证推而广之，运用于"实际事实"的事物中，则会发生错误，因为"实际事实"的知识与那种仅仅涉及观念间关系的"证明的"知识不同，它不能超脱"直观的范围"，不能运用理性进行证明。拿"存在"来说，由于它涉及的是"实际的事实"而非观念间的关系，我们既可以这样设想它，也可以设想它的反面——"不存在"。凡是我们没想它是存在的事物，我们也能设想它是不存在的。"任何事物的'不存在',毫无例外地和它的'存在'一样是明白而清晰的一个观念。凡断言它为不存在的任何命题（不论如何虚妄）和断言它为'存在'的任何命题，乃是一样可构想、可理解的。"可见，关于"存在"的概念并不包含必然性。休谟指出，在这种情况下，我们完全可以断定，说宇宙的原因"存在"同说宇宙的原因"不存在"，都是同样可以的，那我们又怎么能够认为宇宙的"原因"是必然存在的呢？

休谟还认为，即使我们按照先天论证的说法，承认宇宙有一个必然存在的原因，那又为什么一定要设想上帝是这种必然存在的"存在"呢？为什么要把上帝作为宇宙的原因呢？为什么不可以设想到别的事物是宇宙的原因呢？例如"物质的宇宙为什么不可以是必然存在的'存在'"即宇宙的原因呢？有人说，物质会消灭、改变，因而不能作为宇宙的原因，但是，为什么我们不可以同样设想上帝的不存在或上帝的属性会改变呢？很清楚，这种辩解是不能令人信服的。

休谟还进一步指出，运用先天论证把上帝作为宇宙存在的最初因，实际上是在一个永恒的物体的连续之外，还要探索一个总因或第一个造物主，这也是自相矛盾的。因为按照因果关系的定义，原因在时间上是先于某种存在的"开端"，而宇宙却是一个无限的因果系列，它根本没有最初的原因或"开端"。既然如此，上帝当然不可能成为宇宙的原因。

休谟还从关于上帝的观念与现实生活的矛盾来驳斥关于上帝存在的道德论证。宗教的教义说，上帝是全能的，他具有智慧、慈悲和正义等等道德属性。但是，休谟指出，现实世界是充满了痛苦的。世界上的痛苦从何而来呢？当然不可能是偶然产生的，一定是出于某种原因。它是出于上帝的意志吗？但他是完全仁慈的；它是违反上帝的意志吗？但他是全能的。对于这个矛盾如何解释呢？如果我们承认上帝的力量是无限的，凡是他所意欲的都实现了，但是人类及其他动物都是不幸的，足见他并不想让人及其他动物得到幸福。他的智慧是无限的，他不会在选择达到目的的手段中出错，但是自然的历程并不倾向于人类的幸福，足见自然的历史并非是为了这个目的而设立的。那么，上帝的智慧和慈悲究竟在哪些方面与人相像呢？换句话说，从道德的观点上怎么能证明上帝这些至高无上的属性呢？假如指出了人类社会中的不幸和腐败，那么，一切宗教就立刻完蛋了。因为要是上帝的德性还是可疑的，建立上帝的自然属性还有什么用呢？休谟指出，我们不能清楚地解释：

> "神明为什么一百是人类一切行为的间接原因，一面却又不是罪恶和失德的主动者。这些都是神秘，我们只凭自然的不受神助的理性，万不能解释它们。理性不论采取了什么系统，它在这些题目方面每一步都会陷于不能拔除的困难中，甚或矛盾中。要想把人类行为的可进可退性和其偶然性同上帝的先知先见调和了，要想一面来辩护绝对的天命，一面又来使神明卸却罪恶的责任，那在人们一向认为是超过哲学的一切本领的。"

休谟认为，由于人类的认识能力是有限的，由于我们的观念超不出我们的经验，而我们并没有关于神的属性与作为的经验，所以我们不能认识上帝的属性。有人仅仅根据宇宙自然事物被上帝所创造，就推断出上帝具有无限性，殊不知人们经验到的自然事物总是有限的，怎么能够仅仅根据有限的自然事物证明上帝的无限属性呢？同样，我们也不能从自己经验到的有限的自然事物推论出上帝具有完善性，因为宇宙自然事物中有许多是凭借经验所无法解释的疑问，我们狭小的认识能力连宇宙体系是否完善都无法断定，那我们又如何断定上帝在创造宇宙体系时从未发生过错误，从而证明上帝的完善性呢？即使我们贸然假定我们生活的这个宇宙是十分完善的，那也不能把宇宙的完善归因于上帝，因为这个宇宙的构成，可能是许多世代的劳作而缓慢进步的结果。至于有人断定上帝具有统一性，这更是不能成立的。根据我们的经验，人工产品可以被许多人合作所造成，例如许多人共同造一所房屋、筑一座城、组织一个国家，如果按照"设计论证明"的类比推理，岂不是说宇宙是由许多上帝联合设计出来的吗？那又怎么证明上帝是唯一的、具有统一性呢？

　　总之，休谟认为，这个世界总不能为我们提供一个关于神的存在的推论。无论是用经验论证还是用先天论证，或用道德观点，都不能证明上帝的存在。关于上帝是否存在的问题，超越了我们的认识能力。上帝只能作为我们信仰的对象而存在，上帝"无限地高超于我们有限的观点与理解之上，他是寺院里礼拜的对象，而不是学院中争论的对象。"休谟说：

　　"不管这个世界在某些假定和揣测上（假如我们承认

这些假设和揣测）是怎样的符合于一个神的观念，这个世界总不能为我们提供一个关于神的存在的推论。我们并不绝对否认这个世界与一个神的观念的符合性，而只是绝对否认从这个世界确定神的存在的推论。"

"关于神的存在，没有理性证明可言！也没有抽象的论证可言：也没有先天的证明可言！"

3. 信仰的起源和宗教的本质

休谟不仅对教会宣扬的神迹和宗教理论作了相当尖锐的批判，而且还进一步探讨和说明了宗教信仰的起源问题，并揭露和激烈抨击了教会势力的黑暗、腐败、丑恶罪行和宗教对社会生活的败坏作用。在这方面，休谟突出地表现出启蒙思想家的特点。我们知道，与休谟同时代的法国启蒙学者们也是从宗教的起源、本质和社会危害等几个方面对基督教进行了相当尖锐深刻的批判，并公开举起无神论的旗帜的。

休谟首先考察了历史记载的和当时的原始部落的情况，指出世界各地最古老、最原始的宗教，都是多神教和偶像崇拜，他们根源于人对自然的无知和恐惧。休谟认为，宗教并不是同人类俱生的，宗教感情并不像自爱、慈爱、感激、悔恨等，是人类中普遍的自然情感，而是后生的、第二位的。远古时代的人们，就像诗人弥尔顿描写的亚当（Adam）问世之初那样，对自然的瑰伟壮观，只能感到惊异和恐惧。他们处于蛮荒、蒙昧之中，迫于艰难的生计，孜孜于营求粗陋的衣食，没有能力去认识大自然的构造、秩序和最高原因。自然界每一奇异事件的发生，总是使他们惊诧，认为是一种奇迹，使他们恐惧、颤栗和祈祷。他们经常处于自然力量的威胁之下，无法预见、控制自然灾祸，每种自然事件都被无知的人们迷信为"有某种理智力量的统治"，这就导致了对自然的偶像崇拜。休谟又认为，人们有一种把神秘力量想像为人自己那样的天性，他们对自然的原因无知，又渴望知道未来的命运，就把人自己的思想、情感乃至肢体、形象都赋予神这种想像的产物，于是产生了人格化的神，人们以献祭、祈祷等方式向神寄托避祸求福的愿望。各地区、各民族的自然条件、生活状况很不相同，他们幻造、信奉的神也就非常不同，而且都是多神教。休谟说，宗教观念实际是人内心的想像人投向人身外的幻影。后来文明发展了，本应消除传统宗教观念，但人类由于有着好奇和轻信的弱点，便不经考察就相信了祖先留下的传说，再加上宗教家有意利用人们的盲目信仰，宗教便保存和传播开来。这样，休谟把宗教归结为尘世的历史现象，归结为无知和迷信的产物，神被还原为世俗的人本身在想像中的幻化，这就抹去了神学家安在上帝头上的那个永恒神圣的灵光圈。

休谟认为，一神教包括基督教都是从多神教演变而来的。一神教并不比多神教高明，它同样不是以理性为基础，不是立足于对自然的理解，而是出于更强烈、更偏狭的迷信，出于人们习惯于奉承谄媚这种心理本能。古老民族在承认权力各自有限的诸神的同时，往往在权力的分配上，承认某一种有更高的权威，可以主宰其余诸神，有如君王驾驭诸臣。由于人们不断献媚取宠于这个"君主神"，使他不断扩张权力、完善形象，就逐渐形成了无限完善的"最高存在"、"宇宙的创造者和统治者"。它不仅受凡人的崇拜，也受其余诸神崇拜，在天堂世界形成一种神圣的等级关系。休谟指出，基督教的建立同样靠着粗俗的迷信和一连串的奉承诌媚。圣母玛利娅本来是一位心地善良的妇女，后来却被奉承抬高到全智全能、法力无边的地步。基督教本身也包含着粗俗的多神教因素，它在上帝与凡人之间，设置了天使、圣徒之类，不仅要求崇拜上帝，还要求崇拜这些次等神，实际上又回复了偶像崇拜。

休谟进而着重揭露、批判了基督教神学的荒诞、虚伪和反理性的狂热，指责它靠实行专制迫害才得以确立起来。他把原始多神教与一神基督教作了比较，指出：多神教比较宽容，容许不同地区不同民族信奉不同的神，不至于残酷镇压异教；而基督教则绝对排斥异己，乃至采取战争屠杀手段。希腊神话崇尚勇敢、仗义等高贵的英雄气概；基督教的教义、戒律、苦行等，则培养人怯懦、愚昧、自卑等低下品性，压抑人性，使人陷于奴隶般的顺从。古希腊、罗马的多神教的主要内容虽然是迷信，但还没有理论性教义，它们根据的神话传说还比较质朴，多少还合乎自然；近代一神基督教则在迷信之上又加上谬妄的理论性教义，是迷信和教理的混杂，更加违背自然、窒息理性。休谟猛烈抨击基督教神学家们对自然的法则和构造全然无知，讽刺他们只会唠叨一些突然的、未可预料的自然灾祸，把它们说成是上帝显示的"天意"，利用所谓"神迹"煽动宗教狂热，"使人沦落到近乎野兽的地步"，他们还居然把这种狂热说成是"凡人与神性得以直接沟通的唯一手段。"休谟指出，神学家们"有着一种爱好荒诞和自我矛盾的癖向"。一种教义似乎越违反理性和常识，就越能博得信徒的虔敬，总是诱使人们相信烦琐的诡辩。

休谟还特别揭露了教会的黑暗、腐败、丑恶罪行和宗教对社会生活的败坏作用。他认为，历来的宗教教义在本质上都是反自然、反理性的。宗教利用迷信和狂热的手段，要求人们过着一种违反自然的生活，严重地影响了人们的感情和理智，带来了无穷的危害。他说，正当人们同自然界中的真正敌人进行斗争时，宗教却又为人心树立起"想像的敌人"、"幻想的魔鬼"，影响了人对真正的敌人的斗争，使人不能成为自然界的主人。他写道：

> "人，的确，能够合群而制服所有他的真正的敌人，而成为全动物界的主人；但他不是立刻又为他自己树起想像的敌人、他的幻想中的魔鬼吗？这些魔鬼用迷信的恐怖来追逐他，并摧毁他所有生活的享受。他认为，他的快乐，在魔鬼们的眼中，是一个罪过；他吃东西和休息，给予魔鬼以忿怒和冒犯；他的睡眠和梦寐是引起他焦惧的新鲜资料；即使是死，他实可借此逃开一切其他的灾难，也只给予他对于无穷的和不可胜举的灾祸的恐惧。迷信对于可怜的凡人的不安的胸怀之侵扰，就如豺狼侵扰畏怯的羔羊一般。"

休谟认为，宗教是人类理性最凶恶的敌人。在他看来，宗教对人类理性的害处，至少有三个方面。首先，宗教迫害人的理性，扼杀人的自由和知识，给人类社会带来黑暗和愚昧。"道德、知识、爱好自由，这些品德招来了宗教审判官的致命的惩罚；当这些品德被排斥之后，社会便陷入了最可耻的无知、腐败和桎梏。"第二，宗教鼓吹人的自卑感，把上帝看成远远高超于人类之上，

使人在上帝面前显得十分卑小，只能忏悔、忍受和卑躬屈膝，贱踏了人的尊严。休谟指出，教会宣扬的"独身、禁食、苦行、禁欲、自我克制、谦卑、静默、隐居，以及一整套的修道上善行"，在社会上毫无用处，反倒使"理智迟钝，心情冷酷，想像模糊，脾气败坏。"第三，在宗教的统治下，圣经就是万古不变的绝对真理，理性和哲学只是宗教的工具，只能为宗教的教义服役，不能对教义表示怀疑，更不能提出违反教义的任何理论。人们没有思想的自由，没有发展科学的权力，只有信奉宗教教义的义务，这就严重阻碍了人类理性和科学的发展。宗教愈发展，教会的势力愈大，对人类进步的阻碍作用就愈大。

有些思想家和道德家认为，宗教即使是荒谬的，但总比没有宗教好，因为信教可以制止恶行，"规范人心"，"使人的行为人道化"。休谟明确指出，实际上宗教的更普遍、更直接的害处正是在于道德方面。他说，宗教要求信仰者履行种种仪式，并培养宗教情感和抱持若干信仰。由于宗教情感和信仰是违反自然感情和情绪的，所以，人们以貌似的热诚履行许多宗仪式，但在那时候心却是冷的，萎靡的：一种佯装的习惯就逐渐形成了，欺诈和虚伪变成了主要的原则。所以人们通常观察到，最高度的宗教热忱与最高度的虚伪，绝不互相冲突，而且往往统一在同一个人的性格中。那些"犯有极大罪行，干着最险恶勾当的人，通常都是最迷信的人"。休谟还说，即使迷信或宗教狂热并不直接违反道德，可是注意力分散，一类新的而无谓的褒奖的抬高，赏罚的乖谬的施与，必然会产生最有害的后果，并且极端削弱人们与正义及人道的自然动机的联系，使人背离自己的合乎自然的行为，形成欺诈、虚伪的心理和性格。休谟认为，宗教不仅不能促进道德，反而会败坏道德。维护社会的道德风尚，调节人的行为，不能依靠宗教信仰，而要依靠人的天赋。他指出；

> "根据经验，可以断定，天赋的忠诚和仁慈的最小一颗种子，比起神学理论和系统所提出的最夸耀的看法来，对于人类的行动更有实效。"

休谟还进一步揭露了宗教对社会的直接危害，指出，宗教是社会的万恶之源。他说，在基督教成为官方宗教以后，僧侣政府的那些原则还继续保持着，它们造成了一种迫害的风气，从此就成为人类社会的毒药，并且是每一个政府中极其根深蒂固的党争的源泉。他还指出，党争、内战、迫害，政府的倾覆、压迫、奴役等等，总是伴随着通俗迷信控制人心之后而起的凄惨后果。任何历史记载中，如果提到了宗教精神，我们在其后就必然会遇见随之而起的许多灾祸，没有什么时候能比得上从未听到过宗教的时期更为幸福，更为繁荣的了。总之，在休谟看来，宗教的统治就是腐朽、痛苦和恐怖，人们在宗教那里得到的只是恐怖而不是慰籍。

休谟不仅指出宗教的种种祸害，而且他本人也对宗教报有极大的反感。他曾表示："教会是我所讨厌的东西。"在他去世前不久与朋友的谈话中则说道；"自从我读了克拉克和洛克的著作后，就不相信宗教了。由迷信而产生的道德是最坏的。一般信教者都是坏人。"

4. 人类正当的研究就是人

在对传统的基督教的批判方面，休谟是当时代具有突出影响和功绩的哲学家。他对教会宣扬的所谓"神迹"的批驳，对神学家们宣扬的宗教论证的批判，以及对宗教信仰的起源的分析和对宗教本质、社会作用的揭露，都是相当深刻而尖锐的。他因此受到教会势力的攻击和敌视，但同时也受到本国和法国的启蒙思想家们热烈的赞许和敬重。他的怀疑主义在很长时期里一直是英国一切非宗教的哲学思想的形式。

但是，休谟并没有提出彻底废止宗教的要求，他表示，他反对的只是迷信和狂热的通俗形式的宗教，因为这种传统宗教的独断论超越了人的认识界限，对人生妄加论断，束缚了人的自然本性。因此应该以"真正的宗教"代替传统的宗教。在他看来，信仰上帝是人的本性，"真正体会到自然理性的缺陷的人，会以极大的热心趋向天启的真理。"宗教尽管不能通过经验或理性得到证明，却可以作为一种信仰而存在。

那么，休谟主张的"真正的宗教"是什么样的呢？休谟说："这种有神论是一种哲学，它亦必具有哲学的有益影响。"（关于这种"真正的宗教"的内容，他指出：

> "假如自然神学的全部，象某些人所似乎主张的一样，能够包括在一个简单的，不过是有些含糊的，或至少是界限不明确的命题之内，这命题是，宇宙中秩序的因或诸因与人类理智可能有些微的相似；假如这个命题不能加以扩大，加以改动，也不能加以更具体的解释；

假如它并不提出足以影响人生的推论，又不能作为任何行为或禁戒的根据；假如这个不完全的类比不能超出以人类理智为对象之外；不能以任何可能的样子推至于心灵的其他性质；假如真是这样的话，那么最善于探究的，最善于深思的，最有宗教信仰的人，除了每当这个命题出现时，既予以明白的哲学的认可，并相信这个命题所借以建立的论证胜过对于它的反驳以外，他还能做些什么呢？诚然，对象的伟大性会自然地引起某种惊奇，它的晦暗性会引起某种伤感，也会引起某种对于人类理性的蔑视，因为人类理性对于如此非常而如此庄严的一个问题不能给予更满意的解答。"

这就是说，我们可以在理智上承认一个有些含糊的、界限不明确的命题："上帝是存在的"，这个上帝并不是通常所了解的上帝，他除了使人能免除于迷信和狂热之外，对于人类行为没有任何影响。因此对这个命题的承认并不足以影响人生的推论，又不能作为任何行为或禁戒的根据。这也就是说，既便我们承认有上帝存在，他也根本不可能和我们发生任何联系，因此，我们在安排自己的实践活动时就应该、也完全可以假定什么神也没有，我们无法知道，究竟灵魂和肉体有没有区别，究竟灵魂是不是不死的，因此，我们在生活中就假定此生是我们仅有的一生，用不着为那些招们所不能理解的事物忧虑。

这样，休谟在承认了一个含糊的、不确定的关于神的存在的命题之后，便把它放在一边，而专注于人的现实生活。在他看来，人靠自己的知觉经验生活；人在自己的生活中，完全可以按

自己的意志行事，不必考虑上帝的要求，不必顾及上帝的旨意，宗教也不应该把它的教仪、信条作为人们行为的准绳和依据。所以，休谟所主张的"真正的宗教"，其目的在于把宗教信仰与人的世俗生活分开，反对宗教干预社会和人的世俗生活。这种宗教摆脱了对超自然的崇拜，而又不依靠自然的仁慈，它重视人的价值，重视对人类有益的服务，重视增进人的科学和知识。它的核心不再是超自然的神，而是现实的人。人类正当的研究就是人。

因此，我们可以说，休谟的"真正的宗教"就是一种"人的宗教"。人的宗教的核心是人性和知识，它与传统的基督教毫不相干，表现出一种与基督教完全不同的注重人生、注重人的价值、尊重和提高人性的尊严的启蒙精神。在休谟看来，宗教的正当职责是改造人的生活，纯净人的心灵，加强一切道义责任，并保证服从法律和国家。

那么，人是什么？在休谟的全部哲学即关于人性的科学中，对人性问题作为全面而详细的研究。人作为他的哲学的唯一对象，得到了高度的评价和热情的赞扬。也正是在他对人性的研究中，表现出他对人类的同情和关心。实际上，正是这种对人类的同情和关心，成了休谟终生献身哲学的源泉和动力。他曾写道：

"对于道德上的善恶的原则，对于政府的本性和基础，对于推动和支配我的那些情感和倾向的原因，我都不禁有一种乐意加以认识的好奇心。我如果不知道我是根据了什么原则，赞许一个对象，而不赞许另一个对象，称一种东西为美，称另一种东西为丑，判断其真实和虚

妄，理性和愚蠢：那么我思想起来便觉得不安。现在的
学术界在这种方面都是处于可怜的无知状态，我对此很
感关切。我感觉自己雄心勃勃，要想对人类的教导有所
贡献，并借我的发明和发现获得声名。这些感想在我现
在的心情中自然而然地涌现起来，我如果转到其他事情
或娱乐上去，借以驱除这些感想，那么我觉得就快乐而
论我将有所损失。这就是我的哲学的起源。"

休谟通过对人的知性、情感和道德的考察，充分肯定了人的
价值。他赞扬人的自然才能，认为正是这些自然才能使人获得人
们的爱和尊重，并给予人的其他德行以一种新的光辉。他强调人
的尊严，主张人应该认识自己的价值。他说：

"当我们真正具有有价值的品质时，重视自己却也是
最可以称赞的。任何性质给我们自己带来的效用和利益
是德的一个来源，正如它给予别人的愉快一样；而在生
活行为中，最有用的确是莫过于一种适当程度的骄傲，
因为骄傲使我们感到自己的价值，并且使我们对我们的
一切计划和事业都有一种信心和信念。一个人不论赋有
什么样的才具，他如果不知道自己有这种才具，并且不
形成适合于自己的才具的计划，那种才具对他便完全无
用。在一切场合下，都需要知道我们自己的力量；如果
允许我们在任何一方面发生错误的话，那么过高估计自
己的价值，比把它估计得低于它的正确水平，要更加有
利一些。幸运往往赞助勇敢和进取的人；而最能以勇气

鼓舞我们的莫过于对自己的好评。"

　　但是，在休谟看来，并非所有的人都能具有人性的知识，都能充分认识自己的力量和价值。他把人分为"粗鄙的人"和"有知识的人"这样两部分。"粗鄙的人"是愚昧而无教养的，他们在宗教领域内完全不可能表现出有理性，而是经常在多神论和一种不带哲学气味的有神论之间摇来摆去，他们缺乏掌握自己命运的能力。"有知识的人"则是最高尚的人，在他们身上，人性和知识发芽生长，开花结果。他们为人类提供人性和知识，而无需求助于超自然或仁慈的自然。因为他们是人类唯一的、最美好的希望，所以应该给他们以全部的"荣誉"和"赞扬"，"普遍的称颂和赞美"。

　　在休谟看来，这种作为人性尊严的范例、能够应用以经验为根据的推理方法稗益人类的"有知识的人"，事实上可能就是一位"哲学英雄"，或可能成为一位"哲学英雄"。休谟说，哲学上的英雄如同那些战争中的英雄和爱国主义的英雄一样，具有一种情操上的伟大力量。休谟说，在哲学英雄的身上，我们看到一个生灵，他的思想并没有限制在空间和时间的狭窄界限之内；他把他的研究推进到这个世界最遥远的区域，并且超出这个世界直至行星和宇宙天体；回顾过去，思索最初的起源，至少是人类的历史；瞻念前程，设想他的行为对子孙后代的影响，以及千年以后将会形成的对于他的名声的判断；他追寻漫长而复杂的原因和结果；从特殊现象抽出一般原则；依靠种种发现取得进步，修正错误，甚至使错误的事情变成好事。休谟举例说，世界上至今能无愧于这个位置的只有伽利略和牛顿两个人。

我们还以补充说，致力于人性研究的苏格兰哲学家大卫·休谟，也无愧于"哲学英雄"的位置。无论是对于他的时代，还是在今天，他都可以被看作是一位堪称人性尊严典范的哲学家。